# 그래도
# 부동산

# 그래도 부동산

**초판 1쇄 발행** 2024년 9월 27일

**지은이** 최은주

**펴낸이** 조기흠
**총괄** 이수동 / **책임편집** 유지윤 / **기획편집** 박의성, 최진, 이지은, 박소현
**마케팅** 박태규, 임은희, 김예인, 김선영 / **제작** 박성우, 김정우
**디자인** 유어텍스트 / **교정교열** 남은영

**펴낸곳** 한빛비즈(주) / **주소** 서울시 서대문구 연희로2길 62 4층
**전화** 02-325-5506 / **팩스** 02-326-1566
**등록** 2008년 1월 14일 제 25100-2017-000062호
**ISBN** 979-11-5784-766-2 03320

이 책에 대한 의견이나 오탈자 및 잘못된 내용은 출판사 홈페이지나 아래 이메일로 알려주십시오.
파본은 구매처에서 교환하실 수 있습니다. 책값은 뒤표지에 표시되어 있습니다.

⌂ hanbitbiz.com ✉ hanbitbiz@hanbit.co.kr ▪ facebook.com/hanbitbiz
▪ post.naver.com/hanbit_biz ▶ youtube.com/한빛비즈 ▣ instagram.com/hanbitbiz

**지금 하지 않으면 할 수 없는 일이 있습니다.**
**책으로 펴내고 싶은 아이디어나 원고를 메일(hanbitbiz@hanbit.co.kr)로 보내주세요.**
**한빛비즈는 여러분의 소중한 경험과 지식을 기다리고 있습니다.**

# 그래도

최은주(꿈부) 지음

**2번의 역전세와
2년의 하락장으로 깨달은
투자자의 확신**

# 부동산

**비B 한빛비즈**
Hanbit Biz, Inc.

# 부동산 투자 10년 후
# 깨달은 것들

●

연은 순풍이 아니라 역풍에 가장 높이 난다.

| 윈스턴 처칠 |

2014년 7월부터 수원 영통에서 부동산 중개업을 시작했다. 2024년 7월이 지났으니 딱 10년이다. 보증금 1억 3,000만 원의 전세살이를 하면서 겨우 부동산 중개소를 열었다. 내 나이 41세였다. 개업을 하면서 '성공'이란 단어보다 '실패'란 단어를 어떻게 피할지부터 찾았다. 당시 맞벌이를 그만두고 아이 셋을 키우는 데다 내 집 마련도 안 된 상황에서 뒤로 물러설 여유 따위는 바늘 하나 들어갈 틈만큼도 없었다. 무엇이

든 해서 자리를 지켜야 했다. 일단 부지런히 실력부터 갈고 닦아야 했다. 실력 쌓기가 하루아침에 되지는 않겠지만 꾸준히 공부하고 어떤 경험이든 피하지 않았다.

간절한 마음으로 부자들이 부를 이룬 재테크 방법을 그대로 따라 했다. 투자 경험이 전혀 없는 '투자맹'이었던 만큼 이미 경험해본 사람이 진리라고 여기고 부자들의 투자법을 그대로 실행했다. 그런데 그들의 투자법을 따라 한다고 해서 똑같은 결과가 나오는 것은 아니었다. 시장 상황과 정책에 따라 결과는 오르락내리락했다. 곤란한 상황에 처한 적도 한두 번이 아니었다. 지난 10년을 돌이켜보면 어떤 상황에서도 평정심을 갖기 위해 거쳐야 했던 소중한 경험의 시간이었다. 발타자르 그라시안이 말하지 않았던가.

"평정심은 인간의 가장 강력한 무기다."

부동산이란 단어에는 중개업과 투자가 함축되어 있다.

2014년, 부동산에 첫발을 내디딘 그해의 투자 대상은 빌라였다. 내가 처음으로 읽은 부동산 투자 관련 책의 저자는 월세 받는 빌라를 매수하여 월수입을 늘리는 투자를 했기 때문이다. 무턱대고 따라 했던 이 투자법보다 아파트 갭투자를 먼저 알았다면 그 투자를 했을 것이다. 그만큼 당시의 난 부자가 되고 싶은 마음만 절실했다.

《노후를 위해 집을 이용하라》

《부동산 투자의 정석》

이러한 부동산 투자 관련 책을 꾸준히 읽으면서 꿈은 점점 구체화되어갔고 다주택자가 되기로 마음먹었다. 부동산 중개업을 통한 중개 수입과 2년마다 오르는 전세 상승분으로 집을 매수하면 금세 주택 10채를 소유할 수 있을 것 같았다. 당시 2,000만 원, 3,000만 원으로 갭투자를 한 뒤 2년이 지나 투자금만큼 집값이 오르면 매도를 하는 손님들이 부동산 중개소를 찾아왔다. 그들을 보며 갭투자가 월세 수입을 목표로 하는 투자보다 자산을 더 빠르게 불려줄 것 같았다. 실거주하던 수원 영통의 집을 포함해 소형 아파트 5채를 매수하는

그래도 부동산

데 2년이 채 걸리지 않았다. 하지만 전세 보증금 상승분으로 다시 집을 사겠다는 계획은 2017년부터 동탄에 쏟아진 물량으로 인한 역전세로 무너졌다. 내 투자 인생에서 첫 번째 역전세였다.

2017년에 서울로 투자 관련 강의를 들으러 다녔다. 이때 알게 된 지인이 준공공임대사업자기금대출(이하 준공공기금대출) 관련 강의를 추천했다. 정부에서 임대인에게 저금리로 대출해주는 제도에 관한 내용이었다. '민간임대주택매입자금' 과 '융자형 집주인 임대주택사업'이란 이름으로 집마다 8,000만 원과 1억 원을 각각 2.5%와 1.5% 저리로 대출을 해주면서 임차인에게 낮은 보증금과 긴 기간의 주거를 보장받게 하는 제도였다. 임대인인 투자자들은 이러한 대출을 통해 역전세의 고비를 넘겼고, 보유 주택 수를 더 늘릴 수 있었다. 나도 한국토지주택공사의 주택기금인 준공공기금대출을 받은 상태에서 전세를 놓았다. 보증금보다 선순위 대출(근저당권)이 있다 보니 보증보험을 들어주면서 전세 세입자를 구했다. 당시엔 금리는 낮은 데 비해 전세가는 높아서 이 방법이 가능했다. 그리하여 임대 등록한 매물을 비롯해 개인 명의 집이 30여 채로 늘어났다.

2019년 초에 준공공기금대출이 중단되면서 시장은 잠시 소강상태에 접어들었다. 이후 법인 투자자들이 부동산 시장에 진입하면서 집값이 또다시 뛰기 시작했다. 코로나 팬데믹으로 시중에 막대한 유동성이 풀리면서 만들어진 광풍의 시장은 투자하지 않고 손 놓고 있던 이들을 벼락거지로 전락시켰다. 광풍이 부는 시장은 실거주자는 물론, 투자자도 미치게 했다. 나도 과열된 시장 분위기에 취해 있던 시기였다. 엄청난 불장(강세장)이 시작되었다. 하지만 영원할 것만 같던 이 불장이 얼어붙는 데는 그리 오래 걸리지 않았다. 사전 징조도 보여주지 않고 준비할 시간도 주지 않았다.

집값이 쉼 없이 오르자 정부는 종부세율을 상향하고, 취득세 및 양도소득세(이하 양도세) 중과에 이어 단기임대사업자 등록을 없애고, 장기임대사업자마저 아파트 등록을 하지 못하게 막았다. 더는 주택 수를 늘리는 것이 어려워졌다. 하지만 발 빠른 투자자들은 풍선효과와 정부의 토끼몰이에 적응하면서 '흐름 투자', '데이터 투자'란 그럴싸한 이름으로 뛰어다녔다. 투자자들은 인기 강사들이 일명 '찍어주는' 지역과 단지의 집을 선점하기 위해 몰려갔다. 법인 투자자는 나중에 닥칠 취·등록세 중과와 종부세의 폭풍을 가볍게 간과하면서 말이다. 결국 취득세 중과에서 배제된 1억 원 이하의 주택만 골라서 사고팔기를 반복했다.

통장에 현금이 쌓여갔다. 돈이 불어나는 즐거움에 취해 갈수록 강화되는 정부 규제와 금리 인상을 이야기하는 글로벌 뉴스를 눈여겨보지 못했다. 설사 정부가 규제를 강화하고 금리가 인상되더라도 주택 공급 부족과 극에 달한 매수 심리에 의한 집값 상승을 꺾기는 힘들 거라고 생각했다. 하지만 한 번에 0.25%씩 올리던 금리를 0.5%, 즉 '빅스텝'으로 인상한다는 말이 나돌자 모두 움찔했다. 금융통화위원회는 2022

년 4월(1.25%→1.5%), 5월(1.5%→1.75%), 7월(1.75%→2.25%), 8월
(2.25%→2.50%), 10월(2.50→3.00%)까지 연속해서 금리를 올렸
다. 급격히 오르는 금리에 투자자들은 우왕좌왕 갈피를 못
잡았다. 제때 전세 세입자를 맞추기가 힘들어졌고, 부동산
거래는 뚝 끊겼다. 그사이 법인을 4개로 늘려 매수와 매도를
반복하다 보니 내가 보유한 주택 수는 어느새 70여 채로 늘
어난 상태였다. 매도해서 정리하고자 했지만, 이미 시기를
놓쳐 사겠다고 나서는 사람이 없었다.

전셋값은 계속해서 뚝뚝 떨어졌다. 이번의 역전세는 내려
간 전셋값만 문제가 아니었다. 빅스텝으로 올린 대출 이자와
단일세율로 '때려 맞은' 법인 종부세까지 겹쳐 난감한 상황이
었다. 서둘러 해결 방법을 찾아야 했다.


부동산 중개사로 지난 10년간 3,000여 건의 중개를 했다.
한 달에 70~80건의 중개로 1억 원 이상이었던 중개 수입이
'0'에 가까워졌다. 가만히 있다간 그대로 망할 것 같았다. 대
책이 시급했다. 나와 상황이 비슷했던 투자자들은 빠르게 움

직였다. 그들은 고시원과 단기 월세, 스터디카페, 아이스크림 가게, 사진관, 파티룸 등 수익형 사업체를 늘렸다. 부동산 중개업 외에 다른 수입이 들어올 구멍이 필요했다. 한마디로 한 달 수입의 파이프라인을 구축하는 것이다. 이자와 세금, 역전세라는 공통된 숙제를 해결하느라 다들 고군분투하며 이겨낼 방법을 생각하고 실행했다.

나는 고시원 2개를 창업해서 운영하다 매도한 뒤 무인 아이스크림 가게와 호프집을 열었다. 이를 통해 발생한 수입은 쪼그라든 중개 수입의 구멍을 메꿔줬다. 고시원은 권리금 시세 차익까지 만들어주면서 역전세 고비 하나를 넘기는 데 역할을 톡톡히 했다. 고시원을 매도하고 다시 수익률이 높은 사업 중 하나인 호프집을 창업했고, 남은 돈으로 무인 아이스크림 가게를 개업했다. 주로 전세를 안고 사는 갭투자를 했던 만큼 나의 임대 수입은 크지 않았다. 내가 수익형 사업을 시작한 이유다. 당장 돈이 필요해서 시작한 수익형 사업의 파이프라인을 앞으로도 하나하나 늘려갈 계획이다.

그동안 부동산 투자 관련 책들이 엄청나게 쏟아졌다. 대부분 책이 저자의 부동산 투자 경험을 바탕으로 쓰였고, 그대로 따라 하면 부자가 될 수 있다는 자신의 성공담이 담겼다. 많은 사람들이 꿈꾸는 '경제적 자유'라는 말을 책에서 아주 쉽게 사용했다. 하지만 내가 직접 경험한 부동산 투자에서 배운 것은, '이렇게 하면 성공한다'는 말을 함부로 해서는 안 된다는 것이었다.

나처럼 누구든 40대에 부동산 투자를 시작해서 10년이 지나면 경제적 자유를 얻고 여유로운 노후를 살 수 있다고 단정할 수는 없다. 부동산은 실물이다. 다양한 상황과 변수가 작용하므로 희로애락이 담길 수밖에 없다. 상승장과 하락장, 저금리 시기와 고금리 시기, 미분양 물건이 쌓일 때와 공급량이 적을 때, 전세난 시기와 역전세 시기 등 상황은 끊임없이 변하고, 그에 따라 대응 전략이 달라야 하고 준비되어 있어야 한다.

부동산 투자를 하면서 내가 겪은 위기는 실로 다양했다.

위기가 닥쳤을 때 시장은 어떤 상황이었는지, 그 속에서 사람들은 어떤 방법을 찾았는지, 나는 어떻게 버티고 이겨냈는지 등을 이 책에 담았다. 다양한 실전 부동산 투자 경험을 생생하게 기록한 만큼 정보화로 빨라진 시장 변화 주기에 따라, 지금 시점에 어떤 선택을 해야 리스크가 적은 투자를 할 수 있는지를 판단하는 데 도움이 되었으면 한다. 또한 부동산 시장에서 벌어지는 각종 위기에 가장 좋은 대비책이 무엇인지도 확실히 알았으면 한다. 부동산 시장에 장밋빛만 있지는 않다.

더불어 지금도 부동산 투자를 머뭇거리는 사람들에겐 나의 경험이 실행을 앞당기는 동기가 되면 좋겠다. 부디 잘 갖춘 경제적 시스템으로 진정한 자유를 누리는 노후를 준비하는 데 보탬이 되기를 바란다. 경제적 자유를 얻기 위해서는 자산의 크기보다 멈추지 않고 원활한 현금흐름 시스템을 구축하는 것이 중요하다. 현금흐름이 안정적이면, 적어도 실패하지 않는 투자를 할 수 있다. 현금 시스템을 만들어가는 데 내 경험이 소중한 양분이 되기를 기원한다.

아이 셋의 교육비를 마련하고자 부동산 시장에 뛰어든 나는, 10년 동안 치열하게 고민하고 배우며 다양한 경험을 쌓았다. 하락장의 쓴맛에 아찔해하기도 하고 상승장의 단맛에 취하기도 하며 지금은 위기를 이겨내고 경제적 자유까지는 아니어도 여유를 얻었다. 두 번의 역전세와 2년간의 하락장을 버티며 그럼에도 부동산이라는 확신이 들었다. 그렇다고 무작정 장밋빛 꿈을 꾸며 부동산 투자 시장에 조급하게 진입하지 않아도 된다. 부동산 투자 시장은 만만치 않다. 각자의 돈 그릇에 맞춰서 서서히 규모를 키워가야 한다. 무엇보다 마음 편한 투자가 중요하다. 아무쪼록 흔들리지 않는 투자로 각자 부의 도약을 이루기 바란다.

끝으로 투자와 신규 사업을 벌이면서 위기를 넘길 때마다 아낌없이 응원해준 블로그 〈꿈부〉 사람들과 블로그 이웃들, 그리고 매번 해낼 수 있다는 용기를 준 남편 전보기 님과 큰 딸 희연, 둘째 딸 소윤, 아들 도원에게 감사한 마음을 전한다.

그래도 부동산

# 1장 롤러코스터를 탄 나의 부동산 투자

## 2장 아파본 사람만 아는
## 부동산 투자의 흔한 착각

## 3장 예상치 못한 하락장에서
## 살아남는 법

# 4장 역전세도 하락장도 두렵지 않은 부동산 투자 정석

# 5장 투자의 방패막, 현금 파이프라인을 만들어라

1장

# 롤러코스터를 탄
# 나의 부동산 투자

# 집 두 채면
# 부자 될 줄 알았지

•

집은 돈이다. 가질 때도 돈이고 팔 때도 돈이다. 집은 그냥, 돈 덩어리다.

| 공선옥,《춥고 더운 우리 집》|

즐거운 곳에서는 날 오라 하여도

내 쉴 곳은 작은 집 내 집뿐이리

마음 편히 쉴 곳은 오직 내 집, 우리 집뿐이라고 노래하지만
나에게 집은 '집구석'이었다. 결혼하기 전까지 살던 친정 집
은 천장이 낮고 어두웠다. 오 남매가 대학을 가고, 직장을 구
하면서 한두 명씩 들락날락하던 집이었다. 그럴 때마다 집은

잠시 넓어졌다 다시 좁아지곤 했다. 방 하나, 화장실 하나, 부엌과 마루가 전부였던 그 집에서 엄마의 울화통으로 하루도 마음 편한 날이 없었다.

"어휴, 이놈의 집구석!"

엄마에게도 나에게도 집은 집구석이었다. 가난을 탓했다. 불편한 마음이 담긴 곳이었다. 내가 국민학교 5학년 때 창고를 방으로 바꾸면서 방이 하나 늘기 전까지 일곱 식구는 한 방에서 잤다. 책을 읽다 자고 싶었지만 따로 불을 켤 수 있는 방이 없었다.

'이다음에 크면 꼭 방이 많은 집에서 살 거야.'

집구석이 아닌 집다운 집에서 살고 싶었다. 적어도 각자의 방이 있는 집을 갖고 싶었다. 어떻게 하면 집구석에서 벗어날 수 있을까. 생각 끝에 결혼을 선택했다. 내 나이 27세.

대학원 졸업을 앞두고 결혼을 감행했다. 친정의 가난에서 벗어나고 싶었다. 결혼하면 누군가를 뒷바라지할 필요 없이 내가 번 돈을 온전히 모을 수 있으니 금방 종잣돈이 마련될 줄 알았다. 하지만 아이들이 생기자 또 다른 뒷바라지가 시작되었다. 대상만 달라졌을 뿐이었다.

수입보다 지출 늘어나는 속도가 훨씬 더 빨랐다. 돈이 모이지 않았다. 나만을 위한 책상이 있는 서재는 아이들이 생기면서 잊힌 꿈이 되었다. 내 방이 아닌 내 책상을 갖기까지 그렇게 오랜 시간이 걸릴 줄 몰랐다. 남편과 맞벌이를 했지만 두 사람의 월급으로는 세 아이에게 들어가는 생활비와 사교육비를 대기도 버거웠다. 어떻게 하면 돈을 더 벌 수 있을까?

'부자가 되고 싶다.'

성공학의 아버지 나폴레온 힐은 인생을 성공으로 만드는 첫 번째 방법이 강렬한 소망을 갖는 것이라고 했다. 나는 간절히 부자가 되고 싶었다. 그렇다고 오로지 부자가 되고 싶다는 꿈만 가지고 부자가 될 수는 없었다. 직업을 바꾸기로 했다. 월급쟁이로는 한계가 보였다. 그럼 어떤 직업을 가져야 부자가 될 수 있을까? 나는 이내 그 답을 찾았다. 막연하게 머릿속에 그려보던 부자들을 가까이에서 볼 수 있는 직업을 찾다보니 부동산 중개업이 눈에 들어왔다.

나는 성인이 되고 나서부터 부자를 꿈꾸며 부자 관련 책들을 꾸준히 읽었다. 그 속의 부자들은 대부분 부동산을 도구로 삼았다. 부동산을 사고팔면서 자산을 늘렸다고 쓰여 있었지만 그런 부자들을 실제로 본 적이 없었다. 그제야 내가 부자가 되기 힘들었던 이유 중 하나가 주변에 부자가 없었기 때문이라는 사실을 깨달았다. 가난한 아이들이 가난을 답습하는 건 가까이에서 늘 보는 게 가난인 것도 하나의 이유가 된다. 볼 수 있는 부의 크기가 꿈의 크기가 되기도 하니까.

오래전부터 부자를 꿈꾸고, 아이 셋이 생기면서 더 절실히 부자가 되고 싶었던 나는 부동산 중개사 자격증을 땄다. 그리고 2014년에 중개업을 시작했다. 돈에 관한 나의 첫 번째 화두는 아이들 교육이었다. 아이들 교육비 걱정에서 벗어나고 싶었다.

중개업을 시작할 무렵 나는 수원 영통의 24평(59㎡) 소형 아파트에 살았다. 이 집을 선택한 이유는 단 하나, 전세 보증금이 가장 저렴해서였다. 당시 셋째를 낳고 좋은 시설의 산후조리원은 고사하고 그저 싼 집을 찾아다녀야 하는 현실에 마음이 좋지 않았다. 다른 집들이 1억 5,000만 원에서 1억 8,000만 원 사이일 때 그 집의 전세 보증금은 1억 3,000만 원이었다. 그마저도 80% 전세자금대출을 받았으니 나의 가난은 전혀 나아지지 않은 상태였다. 결혼해서도 나에게 집은 여전히 집구석이었다. 내 집이 절실했다. 아이들을 위해서도 나를 위해서도 집을 사야겠다는 마음이 굴뚝같았다.

'돈이 없는데 어떻게 집을 사지?'

부자들은 적은 돈으로 집을 샀다. 중개업을 시작한 2014

년은 10여 년의 부동산 침체기가 끝나가는 때였다. 수원 영통구도 부동산 거래가 늘고 있었다. 실거주자의 매수도 늘었지만, 높은 전세가율로 매매와 전셋값 사이의 가격 차가 작아서 전세를 안고 주택을 매수하려는 사람들 역시 늘어났다.

"2,000만 원으로 살 수 있는 집을 보여주세요."
"이 집은 나에게 2년에 한 번씩 선물을 준다니까."

나도 집을 사기로 했다. 전세가는 더 오르고 있었다. 내가 살던 전셋집 주인도 2년이 지나 재계약을 하면서 몇천만 원의 추가 보증금을 챙겼다. 새로운 투자자들이 부동산 중개소를 찾아왔고, 그들은 집으로 수익을 봤다며 중개사인 나에게 도리어 어떻게 집을 샀고, 어떤 집을 샀는지 이야기해주었다. 내 집 마련의 결심이 더욱 단단해졌다. 2년마다 보증금이 올라서 나에게 돈을 선물하는 집을 산다면 아이들 교육비는 저절로 해결될 것 같았다. 그렇게 아이들 숫자대로 집을 사두면 대학 등록금까지 해결되고, 나중에 결혼할 때쯤에 팔면 결혼 비용까지 해결되지 않을까 싶었다. 집만 사면 나도 그들처럼 경제적으로 여유 있는 사람이 될 줄 알았다.

2015년 봄이었다. 처음으로 산 집은 월세 받는 빌라 3채였다. 난생처음 부동산 투자법 강의를 들었는데 그 내용이 대출을 받아 빌라를 매수한 후 월세를 받는 것이었다. 하지만 이 투자법으로 월세를 받는 것보다 전세를 이용해 아파트를 매수하는 방식이 훨씬 더 수익 면에서 좋다는 걸 다른 강의와 투자자들을 통해 알게 되었다. 이후 투자법을 바꿔 2015년에 실거주 집과 아파트 2채를 매수했다. 이때 매수한 아파트 2채부터는 일명 '갭투자' 방식이었다.

2016년에 전세를 안고 3채를 추가로 더 매수했다. 처음엔 실거주 외 투자용으로 3채만 매수해서 전세 상승분으로 생활하려고 했는데, 생각보다 더 많은 주택을 매수했다. 부자 투자자들처럼 아파트를 1채, 2채 전세를 안고 사다 보니 보유 주택 수가 생각보다 빨리 늘었다. 부동산 중개업도 잘되어 중개 수입이 늘어나자 번 돈을 은행에 저축하는 대신 '집을 저축했다'. 2년만 지나면 그때부터는 전세 보증금을 올려받을 수 있다. 그러면 현금흐름이 좋아져 삶이 훨씬 더 여유로워지지 않을까. 꿈에 부풀어 시간이 어떻게 흐르는지도 몰랐다.

그런데 웬걸, 2017년에 전세 만기가 돌아왔지만 영통구의 전세가는 오히려 내려갔다. 2019년까지 경기 동탄신도시의 입주 시기와 맞물린 탓에 역전세가 발생한 것이다. 역전세를 처음 맞닥뜨린 투자자들이 방법을 찾아달라며 매일 사무실로 찾아오다시피 했다. 나라고 무슨 뾰족한 수가 있겠는가. 더 이상 현금을 끌어다 막을 수 없는 한계에 봉착했다.

결국 역전세 때문에 손해를 보고 매도해야 하는 집이 하나둘 생겼다. 하루하루가 지옥이었다. 그제야 집이 2채, 아니 4채, 5채가 있어도 부자가 될 수 없음을 깨달았다. 잘못되어도 한참 잘못되어 있었다. 집을 사면 부자가 되는 줄 알았는데 부자가 아니라 오히려 돈을 까먹고 있었다. 부자들이 하는 대로 무작정 따라 한다고 나도 성공할 수 있다는 것은 착각이었다. 그들의 투자와 나의 투자는 무엇이 달랐을까? 왜 손해를 보았을까? 좀 더 공부가 필요했다. 집값에는 상승과 하락의 사이클이 있는데 그것을 놓치고 장밋빛만 보았다. 집 3채를 사도 여전히 집은 집구석이었고 부자와는 거리가 멀었다. 제대로 된 부동산 공부를 하기로 했다. 진짜 부자가 되기로 했다.

# 눈 떠보니 70채

•

부동산 투자는 아주 작은 규모라도
개인의 현금흐름과 부를 구축하는 좋은 수단이다.

| 로버트 기요사키 |

2022년 10월, 내 집이 자그마치 70채였다. 미쳤다. 개인과 법인으로 명의를 나누며 정신없이 집을 사 모았다. 2017년부터 2019년 초까지는 임대 등록을 위주로 개인 명의의 집 40여 채를 매수했다. 2019년 중반부터는 법인으로 집을 사고팔다 보유하게 된 집이 30여 채였다. 사실 몇 번째 집을 사고 있는지도 모른 채 어디든 살 만한 집이 나오면 사기 바빴다. 개인 명의는 취득세와 등록세 중과와 보유 기간에 제약이 있어 대

부분 임대 등록을 하다 보니 어느 정도는 주택 수를 대략적으로 파악하고 있었다. 하지만 법인 명의는 보유 기간에서 자유로웠기에 상승장의 시류에 따라 자금 여력이 허용하는 대로 살 수 있는 것들을 샀고, 그러다 매도가 가능하면 팔기도 했다.

어느 순간부터 파는 집보다 사는 집이 많아졌다. 팔 기회가 생겨도 더 오르겠지 하는 기대감에 매도를 미뤘다. 지금 와서 돌이켜보면 바보 같은 선택이었다. 언제든 팔려고 마음만 먹으면 팔렸던 상승장의 경험에서 나온 결정이었다. 하지만 2022년 초부터 부동산 시장은 주춤하는 분위기였다. 거래 속도가 느려지고 있었다. 전세 세입자를 구하는 속도가 더뎌지면서 전세가격이 내려가고 있었다. 느낌이 좋지 않았다. 부랴부랴 주택 보유 상황을 정리해보았다. 집이 70채였다. 말 그대로 '눈 떠보니 70채'였다. 다가올 위기의 시작이었다.

2024년 4월 마지막 날, 또 1채의 오피스텔을 사서 매매 등기를 마쳤다. 이로써 집은 다시 30채가 되었다. 70채에서 기회가 되는 대로 팔아 주택 수를 줄이던 와중이었다. 지금도 되도록 줄이려고 애쓰고 있다. 그렇게 '30'이란 숫자 아래로 힘들게 줄여왔는데 이날 다시 '30'을 채운 것이다. 보유한 주택 수를 줄이고 현금을 늘려야 하는 상황에 다시 집이 늘다니, 답답했다.

오피스텔은 2021년 여름에 분양권으로 샀다. 온 국민이 오르는 집값에 정신이 팔려 있을 때였다. 분양 당시에는 이 오피스텔의 입주가 시작되는 3년 뒤의 가격을 부정적으로 말하는 이가 거의 없었다. 전셋값으로 잔금을 치를 수 있을 거라는 분양상담사의 말을 믿어 의심치 않았다. 혹시라도 잔금 마련이 어려우면 분양권을 전매하면 되겠지 했다. 분양권 프리미엄도 오르던 시기였으니 안 좋은 상황을 상상하기가 더 어려웠다. 하지만 이런 예상은 모두 빗나갔다. 잔금과 소유권 등기를 위해 대출과 1억 5,000만 원의 현금을 마련해야 했다. 2022년부터 지난 2년 동안 내가 가진 집의 숫자만큼 무거운 현금 부담이 생긴다는 사실을 뼈저리게 깨닫고 있다. 어쩌다가 이렇게까지 주택 수를 늘렸을까?

그래도 부동산

부동산 투자를 시작할 때부터 수십 채의 집이 목표였던 건 아니다. 부동산 중개소를 찾는 손님에게 종종 말하듯 실거주 집과 인플레이션 헤지를 위한 한두 채를 마련하고자 했다. 전세살이를 하면서 부동산 중개업을 시작했으니 나에게 결코 작은 목표가 아니었다. 그저 50만 원만 더 벌면 가계 재정을 마이너스로 만들던 아이들 교육비를 채울 수 있으리라 생각했다. 그만큼 나는 가진 게 거의 없었다.

불안한 중개 수입에 안정적인 수입을 더하고자 빌라 3채를 샀다. 월세 받는 빌라를 산 이유는 투자 공부가 덜 된 이유도 있었지만 당장의 수입이 더 크게 보였기 때문이다. 대출과 보증금으로 산 빌라의 월세는 대출 이자를 제하고 20만 원씩 남았다. 3채였으니 60만 원의 고정수입이 생긴 셈이다. 늘 적자에 허덕이던 생활비 50만 원을 노동소득이 아닌 임대소득으로 만들었다는 사실이 그저 놀라웠다. 그때 월세로 모이는 돈과 중개 수입을 더 늘려서 실거주용 내 집을 사야겠다고 다짐했다.

실거주용 집에 더해 아파트 한두 채를 더 마련한 시기는 생각보다 빨리 왔다. 전세 보증금을 활용한 갭투자 덕분이었다. 2015년부터 2017년 상반기까지 내가 있던 수원 영통은 아파트 매매가와 전세가의 차이가 작았다. 500만 원에서 4,000만 원 정도의 투자금이면 소형 아파트를 살 수 있었다. 이런 시장 환경은 나에게 여러 기회를 만들어주었다. 블로그를 통해 내가 공부한 투자 이야기를 꾸준히 쓰다 보니 부동산 중개소를 찾아오는 손님이 늘어났고, 그와 함께 중개 수입도 늘었다. 마침내 2015년에 실거주할 내 집을 샀다. 결혼 15년 만에 장만한 내 집이었다.

인테리어를 하면서 조금씩 변해가는 집을 매일 설레는 마음으로 찾아가서 봤다. 그 어떤 성취보다 나 자신에게 대견함이 느껴졌다. 내 집이 생겼으니 2년마다 올려줄 보증금 걱정과 이사 부담을 내려놓을 수 있었다. 이때만 해도 국민평형이라 불리는 방 3개인 33평(84㎡) 집을 구입하면서 얻은 대출금부터 얼른 갚아야지 하는 마음이었다. 네 번째로 산 이 집을 2년 만에 전세 세입자에게 내주고 새로운 집으로 넓혀

갈 거라고는 예상하지 못했다. 2015년의 수원 영통은 전세가가 계속 올라가면서 투자자들이 더 몰려들었고 집값은 천천히 오르고 있었다. 중개 일이 바빠졌고 수입이 빠르게 늘었다. 덩달아 나의 주택 수도 늘어갔다.

실거주 집을 매수한 후 다시 돈을 모으는 시기였던 2015년부터 사람들이 어디를, 어떻게, 왜 사는지가 궁금해 책을 읽는 건 당연했고, 투자 강의를 들으러 매주 서울을 찾았다. 입지와 호재에 대한 부동산 투자의 일반적인 이론부터 투자 경험담까지 많은 강의를 들었다. 아파트 갭투자에 초점을 둔 대부분 책에서 주택 수를 늘리는 것이 부자로 가는 지름길이라고 했다. 그들은 임차 수요가 많은 입지의 소형 아파트 전세는 이자 없는 레버리지가 되어준다고 강조했다. 또한 수요가 줄지 않는 입지의 전세가격은 절대 떨어지지 않는다고 덧붙였다. 그들이 말하는 집은 만기 때마다 현금을 낳아주는 거위나 다름없었다. 나는 강의에서 배운 대로 돈이 모이면 집을 샀다.

2017년 하반기, 영통의 역전세난이 닥치기 전까지 실거주 집을 옮기고, 영통의 소형 아파트와 산본의 중대형 아파트를 포함해 6채의 집을 더 매수했다. 아이가 셋이다 보니 방이 모자랐다. 급매로 나온 집을 실거주용으로 매수하고, 살던 집을 전세로 임대 등록했다. 또한 저금리의 대출은 할 수 있는 최대한으로 이용해야 한다는 부자들의 말을 성실히 따랐다. 집을 넓혀가면서 대출을 좀 더 받았다. 이 대출금과 늘어난 중개 수입으로 집을 살 수 있는 현금이 마련됐다. 전세가율이 90%를 넘으면서 2억 초중반대 소형 아파트의 등기를 가져오는 데 드는 비용은 2,000만 원 미만이었다. 어느새 가지고 있는 집이 10채가 되었다.

그리고 얼마 뒤 문제의 역전세 시기가 왔다. 2017년 하반기부터 2019년 상반기까지 역전세로 시장은 어지러웠다. 집을 가진 이들의 아우성은 2022~2024년까지 이어지는 현재 하락장의 모습과 비슷했다. 나 또한 지키지 못하고 내던지다시피 한 집이 생겨났다. 이 시기를 벗어날 방법을 찾기 위해 강의를 더 들었다. 덕분에 현실적인 해결책을 찾았다. 역전세를 넘기고 주택 수를 늘릴 방법이 있었다. 바로 '준공공기금대출'이었다. 이 방법을 블로그에 적었더니 중개 수입이 다시 뛰어올랐다. 나의 주택 수 늘어나는 속도도 빨라졌다.

준공공기금대출과 전세 보증금을 이용하자 집을 사는 데 거의 내 돈이 들어가지 않았다. 기존 집의 전세 보증금을 돌려줄 때도 이 방법을 이용했다. 이렇게 2018~2019년 초까지 늘린 집이 40채 가까이 되었다. 지역도 서울 수도권부터 천안, 청주까지 다양했다. 내가 가진 돈으로 입지가 많이 뒤처지지 않은 곳이라면 임대 등록을 하면서 매수했다. 이 새로운 방법은 중개 수입까지 늘려주면서 주택 수를 늘리는 원동력이 되었다. 그러던 중 2019년 초 기금 소진으로 갑자기 준공공기금대출이 종료되었다. 그때 주택 수를 더 이상 늘리지 않았다면 어땠을까? 2017년 역전세보다 더 심각한 두 번째 역전세를 맞으면서 안타까움과 후회가 밀려왔다.

나의 돈 그릇을 덜 키운 상태로 자산의 양만 늘리는 데 급급했던 시행착오는 법인 투자에서부터 시작되었다. 2014년에 중개업을 시작하고 첫 집을 산 게 2015년이었다. 그로부터 5년이 지난 후 40채라니 이게 무슨 일인가 했고, 드디어 부자가 되었구나 싶었다. 시기적으로 운도 좋았고 투자도 잘했다고 뿌듯해하면서 순간 방심했다.

부동산 중개를 하면서도 부동산 관련 강의를 들으러 다닌 덕분에 투자자들이 어느 방향으로 움직이는지 빨리 알아챘다. 투자 정보와 현장에서 보이는 상황을 따라가다 보니 이번엔 법인 투자가 유리했다. 취·등록세와 양도세 중과가 장애물이 되다 보니 상대적으로 개인보다 법인으로 투자하는 것이 나았다. 법인에 취·등록세 중과 규제가 적용되기 전까지 법인 명의로 아파트를 매수했다. 그러다 2020년 10월 이후부터 법인 취·등록세 중과 규제가 시작되면서 오피스텔, 분양권, 지식산업센터, 공시가 1억 원 이하의 부동산으로 시장의 투자금은 흘러들어 갔고, 나도 그에 맞춰 그런 물건들을 사들였다.

2021년 12월 법인세를 내기 위해 집을 정리하면서 연신

"미쳤구나"를 외쳤다. 종합부동산세(이하 종부세) 문제로 집을 팔면서 주택 수 조절을 했건만 눈앞에 보이는 숫자는 60이었다. 정신이 나갔다. 2017년에 닥친 역전세에 얼마나 힘들었는지 잊어버리고 같은 실수를 반복하다니 말이다.

2019년부터 2022년 하락장이 도래하기까지 부동산 상승 사이클이 꽤 긴 시간 이어지면서 영혼까지 끌어온다는 '영끌족'이 아파트 매수에 나섰다. 대출을 최대한 끌어와 부동산을 사지 않으면 바보 취급을 당하던 때였다. 나도 그들을 따라 대출을 더 끌어왔고, 끌어온 만큼 부동산을 샀다. 금리가 그렇게 빨리 오를 줄은 꿈에도 예상하지 못했고, 집값이 그렇게 가파르게 내려갈 줄도 전혀 몰랐다.

'집 70채'의 무게는 무거웠다. 2021년과 2022년에 종부세만 억대 금액이 나왔다. 2023년이라고 결코 작지 않았다. 4,000여만 원을 냈으니 세금 낼 현금을 만드느라 반쯤 넋이 나가 있었다. 부동산 급등장에서 이성을 잃은 것이 원인이었다. 남들이 가는 대로 가면 더 빨리 경제적 자유를 달성할 줄 알았다. 현금을 비축해야 할 기회의 장에 오히려 현금을 잃었다. 집을 가지고 있어서 힘들었다. 상급지를 샀다고 덜 힘들지 않았고, 작은 집을 여러 개 샀다고 결코 짐이 가볍지 않았다. 그 시기의 난 부자 꿈을 좇는 좀비였다.

**TIP**

**종합부동산세란?**

흔히들 재산세와 헷갈려 하는데 재산세와 종부세는 매년 6월 1일을 기준으로 부동산, 자동차, 토지, 보석, 예금 등 보유한 재산에 부과되는 세금이다. 여기서 종부세는 재산세가 부과된 것 중에서 주택 및 토지를 유형별로 구분하여 고액의 부동산 보유자에게 부과하는 세금이다. 부동산의 가격 안정을 도모하기 위해 만들어진 제도다. 종부세 기준은 1세대 1주택자와 다주택자로 구분되는데 2024년 기준 공시가격 합계액이 1세대 1주택자는 12억 원, 다주택자는 9억 원을 초과한 경우 그 초과분에 대해 과세하는 세금이다. 세법이 개정되면 이 금액 기준이 달라질 수 있다.

# 건물주는 아무나 하나

•

많은 인생의 실패자들은 포기할 때 자신이 성공에서
얼마나 가까이 있었는지 모른다.
| 토머스 에디슨 |

50대의 한 지인은 전업주부다. 직장 생활을 거의 해본 적이
없다. 전문직 남편을 만나서 집안 살림만 했다. 아이들 교육
비나 생활비 걱정을 해본 적이 없다. 그런 그녀에게 친정 부
모님은 작은 꼬마빌딩을 증여했다. 본인의 의지와 상관없이
크게 애쓰지 않고 꼬마빌딩을 얻은 것이다.

많은 사람이 월세 받는 건물주의 삶을 꿈꾼다. 그래서 소
액으로 부동산 경매를 하거나 아파트를 사면서 자산을 키운

다. 빌딩을 갖기 위해서 열심히 돈을 불린다. 어떤 사람에게 '건물주'는 평생의 목표가 되기도 한다. 나 역시 마찬가지였다. 그 목표를 쉽게 이룬 그녀가 부러웠다.

2019년 웹툰 작가 겸 방송인 기안84가 매입한 건물이 5년 동안 약 16억 원 올랐다는 뉴스가 있었다. 매입 당시 '저걸 왜 사냐'며 비웃음을 받은 건물이었다. 건물을 용도변경 하거나 신축을 하여 가치를 올린다면 지금보다 더 큰 임대 수익과 시세 차익도 얻을 수 있을 것이다. 이처럼 건물로 인한 시세 차익의 규모는 주거용 건물과는 단위부터 다르다. 월세라는 현금흐름을 만들어주는 데다 나중에 팔 때 큰 시세 차익까지 얻을 수 있으니, 건물주를 꿈꾸는 이가 많은 이유다.

"이번에 작은 건물 한 채 샀어."

2022년 초였다. 아파트 투자를 주로 하던 지방의 지인이 어느 날 아파트를 모두 팔기 시작했다. 서울에 있는 작은 건물을 샀는데 계약금과 중도금 등 비용을 충당하기 위해서라고 했다. 어떻게 건물을 사게 됐는지 자세한 과정이 궁금했다. 그녀는 금 10돈짜리 동전 크기의 금붙이 2개를 가방에 넣고 부동산 중개소를 찾아가니 건물 매물을 보여주더라는 실전 팁을 알려주었다.

아파트 투자로 돈을 불리고, 현업으로 현금흐름을 유지하면서 안전한 투자를 했던 그녀의 종착지는 빌딩이었다. 그녀의 건물 투자는 무리가 없어 보였다. 그녀가 빌딩을 구입한 것을 보고, 나도 보유 아파트 수를 늘리는 데 치중하던 생각을 바꾸게 됐다. 가지고 있던 집을 팔면 나도 건물을 살 수 있지 않을까, 머릿속으로 계산해보며 빌딩 관련 강의를 찾아 공부하기 시작했다.

2022년 여름이었다. 지인을 통해 건물을 신축하면서 임대 등록하는 건설임대사업자에 대해 알게 되었다. 주택임대사업자에게 혜택을 준 것처럼 해당 건물에 대해 재산세 및 종부세 합산을 배제하는 이점을 주었다. 그 대신 10년 동안 임대를 유지하는 조건이었다. 10년 동안 세금 혜택을 받으면서 임대 등록을 유지하면 시세 차익의 대부분을 가져갈 수 있었다. 자산을 키우려는 투자자들이 많이 하는 투자 형태였다.

서울의 땅값이 10년 후 얼마나 더 오를까? 한 건축회사 대표는 10년 후를 그려보라고 말했다. 그는 아파트 여러 채를 정리해서 큰 건물 하나로 자산을 옮겨보라고 제안했다. 그의 말은 지금껏 아파트를 늘리는 데만 온통 집중했던 나에게 신선한 충격이었다. 가슴이 설렜다. 곧 건물 구입은 나의 꿈이자 목표가 되었다. 아파트들이 사라진 자리에 건물이 세워지는 꿈을 숱하게 꿀 정도로 건물주가 되고 싶었다. 건축사 대표가 보여준 다른 투자자의 건물들은 나를 움직이게 만들었다. 집으로 돌아와 가지고 있는 아파트를 현금화할 방법을 찾았다.

2022년 당시의 시세로 아파트를 매도한다면 충분히 대출을 받고 현금을 이용해서 건물을 지을 수 있었다. 계산기를 두드리고 있자니 가슴이 쿵쾅거렸다.

그래도 부동산

'할 수 있겠구나, 나도 건물주가 될 수 있겠구나.'

하지만 그 집들은 모두 주택임대사업자 등록이 되어 있어서 매도가 불가능했다. 임대 등록 후 4년이 지나야 자진 말소하고 매도할 수 있는데 아직 기간이 덜 채워졌다. 또한 말소하려면 임차인의 동의를 받아야 하는데 해주지 않는 임차인들이 있었다. 다른 방법을 찾아야 했다.

사업자 대출을 알아봤다. 전세 보증금이 적은 집에 후순위 사업자 대출을 받을 수 있었다. '영끌'이란 말이 흔해진 상승장 분위기에서 금리 6%는 작아 보였다. 대출을 여러 군데 알아보면서 26억 원의 건물을 계약했다. 지금 와서 보니 이 계약을 하면서 놓친 게 있었다. 서울의 건물 여러 채를 갖고 있는 건축회사 대표의 성공담은 저금리일 때의 이야기였다. 낮은 금리의 대출을 이용하니 이자 부담이 적었고, 더불어 적당한 여유 자금이 있어서 중간에 돌발적으로 필요한 돈에 당황하지 않고 대응할 수 있었다.

하지만 나는 여유 자금이 적은 만큼 대출에 대출을 받아

고비를 넘기고 있었다. 건물주 꿈은 포기해야 했다. 아직은 나의 그릇이 건물주 크기가 되지 못했기 때문이다. 심적 부담이 나날이 커졌다. 시기에 맞춰서 팔려야 할 아파트가 팔리지 않았고, 주택담보대출 금액이 예상보다 적게 나오는 등 과정 하나하나가 난관이었다. 나보다 먼저 시작한 분들 또한 그동안 투자했던 아파트와는 자금의 규모와 범위가 다르다 보니 우왕좌왕했다. 건설임대주택은 기존 건물을 매수하여 기임차인들을 내보내고 철거한 후 신축을 해야 등록이 가능했다.

계약금을 넣고 임차인들을 내보낼 때 필요한 돈을 중도금 조건으로 내가 부담하는 내용의 계약을 진행했다. 건물을 계약한 후 그곳에 살던 임차인들이 수시로 나가겠다고 통보해 왔다. 미처 준비해놓지 못한 보증금을 마련하느라 진땀을 흘려야 했다. 대출이 점점 힘들어졌고 대출 진행 속도도 느려졌다. 금리까지 올라서 대출을 받아도 이자가 만만치 않았다. 이 투자는 나를 위한 것이 아니었다. 빠르게 결단을 내리고 건축 진행을 멈췄다. 새로운 매수인을 찾아서 계약 조건을 넘

그래도 부동산

거주었다. 건물주의 꿈은 잠시 미루기로 했다. 이 거대한 실행은 아무나 하는 게 아니었다. 몇억 원의 아파트를 사고팔았던 돈 그릇이 몇십억 원의 건물을 감당하기는 힘들었다. 돈 그릇과 마음의 크기가 아직 덜 키워졌음을 깨달았다.

결국 이 포기가 여태껏 역전세, 고금리, 세금 등을 감당하면서도 투자자로 살아남을 수 있게 해준 신의 한 수였다. 그 후 금리는 더 올랐고, 집값은 떨어졌기 때문이다. 건물을 준공한 뒤 전세금을 받아 비용을 감당하려 했던 지인들의 계획은 빌라 전세사기 여파로 난관에 봉착했다. 그들은 똘똘한 1채를 지키기 위해 이 위기를 넘겨야 했다. 하지만 똘똘한 1채 외에 다른 주택의 매도가 쉽지 않았다.

'뭐야, 뭐지?'
'어떡하지?'
'왜 하필, 내가 산다니까 이러지?'

건물주는 아무나 하는 게 아니었다. 적어도 건물가 30% 이상의 여유 현금이 있을 때 건물 매수에 임해야 한다는 건축회사 대표의 말을 귀담아들었어야 했다. 어떻게든 되겠지, 하는 안일한 마음은 감당하지 못할 책임을 만들었다.

투자자는 현실을 직시하고 분수를 알아야 한다. 나 또한 집만 사서 모으면 나중에는 건물주가 저절로 되는 줄 알았지만 건물주는 어설픈 집 부자가 오를 수 있는 자리가 아니었다. 충분한 현금이 있어야 가능했다. 집을 30채 이상 보유해도 건물주가 되기 힘들다. 세심한 준비 없이 부자를 따라가면 뱁새가 황새를 따라가는 꼴이 된다. 건물주가 되겠다는 나의 목표는 다음 기회로 넘겨야 했다.

그래도 부동산

# 지키기 위해 던졌다,
# 이제 30채

•

부동산을 사는 것은 부자가 되는 최선의 방법, 가장 빠른 방법,
가장 안전한 방법일 뿐 아니라 유일한 방법이다.

| 마셜 필드 |

2024년 5월, 수원의 재건축 입주권을 팔았다. 이제 30채 남았
다. 2022년에 70채 정도였던 집을 지난 2년 동안 팔고, 팔고,
또 팔았다. 우선 종부세에 취약한 법인 소유 주택 위주로 매
도했다. 70여 채의 집 가운데 개인 명의로 임대 등록된 것들
은 최대한 지키려고 했고, 급한 법인 물건들은 기회가 되는 대
로 팔았다. 처음에는 투자금 본전이라도 건지고자 했지만, 종
부세를 내고 나니 가지고 있는 것 자체가 손해였다. 법인 명

의의 것들은 이래도 저래도 손해여서 필사적으로 매도했다. 어찌어찌 팔고, 꾸역꾸역 팔다 보니 주택 수가 많이 줄었다.

2024년 초, 40여 채로 줄었지만 분양받은 상가와 오피스텔 잔금이란 큰 숙제에 부딪혔다. 법인 명의로 된 자잘한 것들을 매도해서는 필요한 현금이 나오지 않았다. 오히려 매수인에게 역전세만큼의 돈을 주며 매도해야 하는 경우도 있었다. 결국 임대 등록했던 집들을 자진 말소하면서 매도했다. 돈을 만들기 위해 법인, 개인 가릴 것 없이 매도한 게 몇 개월 사이 10여 채다. 그래서 2024년 7월 기준 30여 채가 된 것이다.

2015년부터 2019년 사이에 매수해서 임대 등록한 매물 30여 채만 잘 지키고 있었다면 2022년 하반기부터 이어진 2년 간의 하락장에 대한 속앓이는 없었을 것이다. 2021년 상반기까지는 법인 명의로 매수하고 매도하며 수익을 봤다. 이후 매수한 공시가 1억 원 이하의 지방 구축 아파트들이 쌓이면서 문제가 커졌다. 이 매물들은 매도해도 남는 게 없었다.

전세가격 정도에 매도가 되어 역전세만큼의 현금을 메꾸지 않으면 다행이었다. 이미 손해가 컸다. 투자금은 종부세 납부로 사라진 터였다. 그나마 띄엄띄엄 매도가 이루어진 건 2023년 초에 실거주 의사를 가진 매수자가 나선 몇 건뿐이었다. 하락장 동안 매매는커녕 전·월세도 움직임이 거의 없었다. 거래 없이 가격만 내려갔다. 이때부터는 개인 명의의 집들도 매도해야 했다.

법인 명의의 매물 대부분이 지방의 공시가 1억 원 이하의 구축 아파트들이었다. 매도가 되지 않았다. 2017년에도 역전세 상황이 발생했었다. 하지만 그때는 그 물건들을 지킬 정도의 금리와 세금 수준이었고 방법도 있었다. 이번 법인 물건의 역전세는 달랐다. 빠져나갈 방법이 없었고, 금리도 높았다. 세금 때문에 '죽느냐 사느냐' 하는 마음마저 들었다.

매도해도 남는 게 아니라 손해를 봤다. 종부세만 6%씩 2~3회를 내고 나니 세금이 집값을 넘긴 경우가 대부분이었다. 개인들처럼 기본 공제 6억 원이라도 해줬다면 종부세 부담은 덜했을 것이다. 거기에 수리 비용 등 기타 비용까지 더해지니 법인 명의로 매수한 집들은 가지고 있을수록 손해였다. 하지만 매도가 되지 않아 임차인들의 보증금을 지켜주려면 수원의 재건축 입주권을 포함해 핵심지 아파트들을 팔아야만 했다. 무엇을 지키고 무엇을 팔고 있는지도 모른 채 눈앞에 닥친 문제를 해결하는 데 급급했다.

수원의 한 아파트 입주권을 매도한 차익으로 역전세를 메꿀 곳은 천안의 구축 2채였다. 내려간 전세 보증금이 8,000만 원에 이른다. 손해를 보면서라도 2채를 매도하려고 무진장 애를 썼다. 최저가는 당연했고, 20여 군데 부동산 중개소에 내놓았다. 중개 수수료를 2배 주겠다고 했다. 2채 중 한 곳은 공시가 1억 원 이하였다. 집이 나가기를 바라는 간절한 마음에 무속의 힘까지 빌려도 봤지만 집은 팔리지 않았다. 보증금을 받지 못할까 봐 불안한 임차인에게 내용증명을 받는 것은 기본이었고, 매일 문자와 통화에 시달리는 것도 예삿일이었다.

만기 3개월 전에 전세와 월세를 같이 내놨다. 한 집은 전세금을 5,000만 원 내려주면서 재계약하기로 했다. 이 물건은 40평대였다. 매매가는 덜 떨어졌는데 전세가가 크게 내렸다. 공시가 1억 원 이하의 매물은 전세마저 끝끝내 나가지 않아서 대출을 받아 임차인의 보증금을 내주었다. 그리고 보증금 1,000만 원과 60만 원의 월세를 받는 것으로 임차를 마무리했다. 2년을 다시 기다려야 한다. 2024년 올 한 해도 법인의 종부세를 내면서 마무리해야 한다.

부동산 시장이 하락장일 때 지방 구축은 골칫거리다. 뜻대로 매도가 잘 이루어지지 않기 때문이다. 아무리 매매가격이 저렴해도 매도하기가 어렵다. 서울 수도권의 주요 입지도 실거주 매수 수요가 대부분이다. 그러다 보니 신축 위주로 거래가 많다. 구축의 흐름은 더디다. 그나마 수도권 매물은 저렴하게 내놓으면 매도가 된다. 가장 저렴하게 매도를 시도하면서 현금을 만들고, 양도세를 내고 있다. 지키고 싶은 매물이지만 최저가임에도 더 가격을 내려서 팔고 있다. 그렇게 매도한 수도권 매물이 2024년 올해에만 10채다. 임대 등록한 매물을 자진 말소하면서까지 매도하고 있다. 속이 쓰리다. 당장 눈앞에 닥친 문제를 해결할 현금을 만들기 위해서는 집을 파는 수밖에 없으니 속이 쓰려도 어쩔 수 없는 노릇이다.

부동산 투자를 시작하면서 토지, 상가를 매수하기도 했지만 대부분 주택을 샀다. 오피스텔, 빌라, 아파트를 갭투자로 샀는데, 2020년 6·17 부동산 정책 가운데 법인 종부세 규제의 파괴력이 컸다. 기본 공제 없이 3%(조정지역 1주택, 비조정지역 2주택 이하)와 6%(조정지역 2주택 이상, 3주택 이상)의 최고 단일세율을 적용했다. 이 규제 정책은 여러 법인 투자자를 힘들게 만들었다. 2024년 현재 공매로 나와 있는 대부분 아파트는 법인에 부과된 종부세 때문이다. 게다가 정부는 2020년 8월 민간임대주택법을 개정해 빌라 등 비아파트를 제외한 아파트의 임대 등록을 금지했다. 주택가격의 상승 요인이 아파트에 있다고 판단하면서 아파트를 임대 주택으로 등록하여 다양한 세제 혜택을 주던 것을 규제했다. 임대 등록이 되지 않으

그래도 부동산

면 보유세를 감당하기 힘들다. 집을 늘리지 못하게 하는 규제의 역할을 한다. 하지만 상승장에 취한 사람들은 주택 수를 늘리지 말라는 규제 정책이 쏟아지는 와중에도 법인 명의를 만들어 집을 샀다. 부동산 규제에서 비껴간 지역으로 풍선효과가 나타난다는 말이 나오듯 투자자들은 다음 급지(교통, 일자리, 학군, 생활환경 등 주요 입지 지표에 따라 사람들이 선호하는 순위)를 선점하기 위해 스타 강사들이 찍어주는 지역과 단지로 몰려갔다. 취·등록세 규제에서 벗어난 공시가 1억 원 이하 단지와 오피스텔을 매수한 뒤 매도하기를 반복했다.

　나 또한 그 대열에 끼어 법인 명의로 주택들을 매수했다. 그로 인해 역전세 시련의 최고점을 이제껏 겪었고 지금도 겪고 있다. 상승장에 취해서 선점매수를 한답시고 법인 명의로 집을 살 당시엔 이런 결과가 기다리고 있을 줄은 미처 예상하지 못했다. 정부가 집을 여러 채 사지 못하게 취·등록세, 양도세, 종부세까지 규제 정책을 연이어 내놓는 와중에도 정부 정책을 외면한 채 주택 수를 늘렸다. 어떤 규제를 내놓든 당시에는 집값이 무섭게 올랐기 때문이다. 어떤 집을 사도 가격이 올랐다. 1채보다 2채를 사고팔았을 때 수익이 더 컸다. 그러니 주택 수를 더 늘렸다. 어리석은 선택을 하고 있었지만 그때는 그것을 몰랐다. 그렇다고 쉽게 얻은 집은 하나도 없었다. 구축이다 보니 수리도 해야 했고, 수리를 하더라도 세입자를 구하기가 힘들었다. 그렇게 얻은 집들이 모두 짐이 되고 말았다. 대출 이자와 세금은 그동안 힘들게 모은 돈을 공중분해해 버렸다. 짐들을 계속 덜어내야 했다. 30여 채의 집을 더 팔아야 했다.

'어떡하지? 어떻게 하지?'

힘들다. 지친다. 잠이 안 온다. 매일, 매시간 머릿속에 숙제들이 쌓이는데 현금이 부족하다. 70채 집의 전세 만기는 돌아가며 다가왔고, 각 주택의 임차인들은 재촉하며 압박해 왔다. 나갈 테니 보증금을 돌려주든가 보증금을 내리면 재계약을 하겠다고 말이다. 다주택자라면 모두가 겪는 고통이다. 똑똑한 상급지에 신축을 가진 사람도 역전세가 없지 않았고,

종부세에서 자유롭지 못했다. 영혼까지 끌어온 대출 이자도 매달 옥죄고 있었다. 다들 숙제를 해결하기 위한 현금을 끌어오기 위해 이리 뛰고 저리 뛰었다.

'시간은 지나간다. 이 어려움도 끝이 난다. 곧 지나간다.'

시간이 흐른다는 건 알지만 2년간의 부동산 하락장은 참 더디게 갔다. 2024년은 다행히 금리가 내려가면서 전세가가 오르고 있다. 전세가가 오르니 집이 팔리기 시작했다. 급매에 더 급매로 내놔도 문의조차 없던 시기에 비하면 숨통이 조금 트였다. 팔고, 또 팔다 보니 70여 채에서 30여 채로 줄었다. 마음이 홀가분해진 만큼 자산도 가벼워졌다. 역전세, 세금, 이자로 아팠던 햇수와 그 크기만큼 집의 수가 줄었다.

집은 복리의 마법으로 수익을 키우기도 하지만, 복리보다 더 빠른 속도로 손실을 키우기도 한다. 투자에서 가장 중요한 것이 리스크 관리다. 부동산 투자도 다양한 리스크를 포함하는데 경기 상황이나 정책 변화 등으로 인한 시장 변동성, 금리 상승, 그리고 유동성 리스크 등이 있다. 나의 경우 투자금을 급하게 회수하기 어려운 부동산의 특징을 감안하여 금융 계획을 세웠어야 하는데 그러지 못했다. 최악의 상황에도 대비할 수 있게 자산의 유동성을 고려했어야 했다.

# N잡러가 됐다,
# 그럼에도 부동산

●

부동산은 불멸의 자산으로 계속 가치가 상승한다. 부동산은 잃어버리거나
도난당하거나 가져갈 수 없다. 세상에서 거의 가장 안전한 투자이다.

| 러셀 세이지 |


아침 일찍 서울을 다녀왔다. 만기가 돌아오는 서울의 재개발
예정지 빌라에 살던 임차인의 보증금을 반환하기 위해 대출
을 신청하고 왔다. 임차인은 집값이 내려가고 전세사기 뉴스
가 한창인 2023년 말부터 문자와 내용증명을 보내왔다. 만기
6개월 전부터 주기적으로 본인의 이사 날짜를 확인시켰다.
임차인의 불안한 마음을 충분히 이해하면서도 마음이 불편
하고 어느 순간부터 빚쟁이가 된 기분이었다. 새로운 임차인

을 구하면서 서로 믿고 날짜를 조율하던 예전 분위기는 잊어야 했다. 만기 날짜에 보증금을 내주지 않으면 임차인은 위약금과 늦춰진 날짜만큼 이자를 청구했다.

이 임차인은 위약금 2,000만 원과 하루가 늦춰질 때마다 이자를 20% 부과하겠다는 내용증명을 보내왔다. 사채업자도 이보다는 나을 듯싶은데 중개를 하면서 더 심한 임차인도 봤으니 그러려니 했다. 부동산 시장이 하락장이니 어쩔 수 없다고 생각했다. 대출 신청을 하고 돌아오는 차 안에서 이 집을 도대체 왜 샀을까 후회했다. 공시가 1억 원 이하의 빌라를 매수하면서 주택 수를 늘린 나를 책망했다. 집은 공실이 되었다. 매도하고 싶지만 빌라 시장은 더더욱 안 좋다. 기약이 없다. 답답한 하루가 지나간다. 앞으로 나아가기만 했던 시간이 멈추다 못해 뒤로 밀리고 있다.


오후 6시 30분. 별다른 일이 없으면 부동산 중개소의 마무리는 실장한테 맡기고 호프집으로 향한다. 호프집으로 향하기 전에 사무실 옆에 있는 무인 아이스크림 가게를 들러서

그래도 부동산

매대를 훑는다. 이 가게는 어린이 손님보다 어른 손님이 대부분이라 쓰레기가 넘치는 일은 거의 없다. 그렇더라도 정리한 번 더 하고 호프집으로 넘어간다. 어느 순간부터 내가 하는 일이 여러 가지가 되었다. 사람들은 묻는다. 어떻게 그 많은 일을 하냐고. 글쎄다. 죽지 않기 위해서라고 말하면, 과연 사람들이 믿을까?

"최은주, 네가 한가할 정도면 우린 어떻겠니?"

주변 부동산 사장들은 거래가 없는 상황을 이렇게 표현했다. 그만큼 난 늘 바쁘게 살았다. 지방 곳곳을 돌아다니며 거래했다. 부동산 중개소를 시작한 이후 중개 수수료 수입을 걱정해본 적이 없었다. 매물과 수요자가 신기할 정도로 늘 대기하고 있었다. 부동산 시장이 좋으면 좋은 대로 매수자와 매도자들이 많았고, 안 좋으면 전·월세 거래가 늘었다. 거래는 순환했고 중개는 계속 돌아갔다. 그러다 법인에 대한 부동산 거래 규제가 나오기 전인 2020년에 중개 수수료의 최고점을 찍었다. 한 달에 1억 원이 넘는 매출을 올렸다. 평균 매출 3,000만 원은 힘들이지 않아도 유지되었다.

그런데 2022년 12월, 상황은 180도 달라졌다. 중개 수수료를 받는 잔금 건이 딱 하나였다. 이게 무슨 일인가 싶었다. 받아들이기 힘든 현실이었다. 필요한 고정비는 벌어야 했다. 사무실 비용과 생활비까지 더하면 매달 1,000만 원 이상 적자가 났다. 뭐라도 해야 했다. 도배 일을 하든, 공사현장의 화재 감시 아르바이트를 하든, 배달 아르바이트를 하든 수입을 늘려야 했다. 뭘 하지?

적은 돈으로 할 수 있는 수익률 높은 사업을 알아봤다. 월세를 받는 임대 상품은 금리의 벽에 막혔다. 금리가 높아지면서 대출 이자를 빼고 남는 수익이 크지 않았다. 수익형 상품인 오피스텔, 지식산업센터, 상가 투자는 최악이었다. 전세자금대출 이자가 급등하자 전세 수요가 월세로 옮겨 갈 정도로 금리가 높았다. 부동산 임대 수익으로 현금흐름을 만들기보다 매달 수익을 창출하는 수익형 사업으로 생각의 방향을 바꾸었다.

수익형 사업 관련 강의를 알아봤다. 부동산과 가장 유사한 임대업의 하나인 고시원 관련 강의가 그나마 이해하기 쉬웠다. 게다가 발 빠른 젊은 투자자들의 진입이 시작되는 시점이었다. 다행히도 2022년은 역전세가 시작된 시기였고, 예비비가 통장에 준비되어 있었다. 고시원 2개를 시작할 수 있는 자금이었다. 대학가 위주로 알아봤다. 신촌과 죽전에 있는 고시원을 인수했다. 2022년 상반기였던 당시는 투자금 1억 원으로 시작할 수 있는 고시원들이 제법 있었다. 죽전의 대학가 앞에 있던 고시원의 31개 방을 관리하면서 나오는 매출은 1,000만 원선이었다. 식재료 및 청소, 공과금 등 각종 지출을 빼면 400만 원가량 순수익이 남았다. 수익률이 30% 이상이었던 고시원 두 곳에서 1,000만 원이 넘는 현금 수입을 만들 수 있었다. 구멍 난 수입을 메워주었다.

남편이 갑작스럽게 퇴사하게 되어 고시원업을 오래할 생각이었다. 하지만 역전세난이 본격화하면서 당장 현금이 필요했다. 많게는 한 달에 두세 개씩 돌아오는 전세 보증금 반환과 틈틈이 찾아오는 종부세와 법인세, 사업소득세 등 세금까지, 매달 나가야 하는 돈에 허덕이고 또 허덕였다. 정신이 온통 쳐내야 할 숙제에 가 있었다. 하나 쳐내면 2개가 오고, 2개를 쳐내면 4개가 눈앞에 있었다. 어쩔 수 없이 고시원을 팔기로 했다. 다행히도 고시원의 인기가 한창이던 시점이어서 프리미엄을 두 곳에서 2억 원 정도 받을 수 있었다. 숨통이 잠시나마 트였다. 월 수익률 30%뿐 아니라 프리미엄 수입 2억 원까지 보태준 고시원은 가뭄 속 단비였다.

고시원을 매도하고 이런저런 급한 불을 끄고 나니 3,000만 원이 수중에 남았다. 이 돈으로 뭘 할 수 있을까 고민하던 중에 중개사무소를 기흥에서 수원 원천동 구축 단지로 옮기게 되었다. 옮긴 사무실 옆에 상가가 임차로 나왔다. 무인 아이스크림 가게를 먼저 시작한 후배에게 묻고, 컨설팅해주는 사람에게 자리가 어떤지 조언을 구했다. 크기도 작고 주변에 학교, 학원이 없어서 수익 보장이 힘들 것 같다는 답이 돌아왔다. 그 말을 들으니 나도 긴가민가했다. 계속 고민하면서 며칠간 주민들의 동선을 지켜봤다. 주변 상가를 보니 아파트 옆에 편의점 2개가 있을 뿐이었다. 마트도 200~300m를 내려가야 했다. 경쟁 상황과 시장의 수요, 자금 여력 등을 고려했을 때 해봐도 좋겠다는 판단이 섰다. 무엇보다 사무실 바로 옆이라 관리가 수월하니 수익이 좀 작더라도 괜찮을 것 같았다.

일주일 만에 인테리어를 마치고 물건을 입고했다. 4월이었다. 아이스크림 가게를 열면서 여름을 맞았다. 결과는 대박이었다. 운이 정말 좋았다. 상가 내 편의점이 뒤편 안쪽에 있는 것도 판매에 도움이 되었다. 겨울 평균 순수익이 150만 원, 여름 성수기 평균 순수익이 350만 원 정도다. 3,000만 원으로 수익률 좋은 현금 파이프라인을 구축한 것이다. 투자금 대비 수익률이 높았다. 고시원 이후 모자라는 생활비를 메꾸는 수단이 됐다.


모든 투자의 원칙은 싸게 사서 비싸게 파는 것이다. 손해보지 않는 것이다. 하지만 무리하게 보유 주택 수를 늘려간 투자는 모두가 매수하려는 시기에 비싸게 사고, 모두가 매도하려는 시기에 싸게 팔아야 하는 리스크를 안겨주었다. 그나마도 팔리지 않아서 막힌 현금흐름을 다른 방법으로 해결해야 했다.

그때 음식점을 하는 동생이 호프집을 해봐야겠다고 했다. 고시원보다 높은 수익률에 놀랐다. 고시원의 수익률이 약 30%였는데 호프집은 50%였다. 단, 시간과 노동을 쏟아부어야 하는 점이 부담스러웠다. 하지만 이것저것 가릴 계제가 아니었다. 어떻게든 수입을 늘려서 이자와 생활비를 충당해야 했다. 여느 다주택자들도 이런 내 심경과 비슷했을까?

2022년부터 에어비앤비, 셰어하우스, 사무실, 스터디 카페, 무인사업 등 여러 수익형 사업에 관한 강의가 부쩍 늘어났다. 난 그중에서도 호프집으로 아이템을 정했다. 투자금을 줄일 수 있는 주류 대출이 있다는 것도 장점이었다. 주류 도매상에서 부족한 투자금을 무이자로 빌려주는 대신 납품 독점 계약을 맺는 제도가 주류 대출이었다. 중개를 시작하고 그만두었던 육체노동을 호프집에서 다시 하게 되었다. 난 주방을 맡았다. 힘들었다. 낮엔 중개업으로 정신노동을 하고, 밤엔 호프집 주방에서 육체노동을 하고 있다. 노동의 연속이다.

부동산 하락장은 나를 50세라는 나이에 몇 가지 일을 동시에 처리하는 'N잡러'로 만들었다. 투자를 통해 시간의 제약과 노동의 부담에서 벗어나 자유로워지려 했지만 내 그릇을 지나치게 넘어선 투자로 인해 다시금 그 제약에 갇히고 말았다. 시간을 쪼개 쓰고 있다. 하루가 어떻게 지나가는지 모른다. 잠드는 시간은 늘 새벽 2~3시쯤이다. 경제적 자유는 아직 먼 곳에 있다.

그런 와중에 여러 역전세 보증금, 세금, 이자, 잔금을 해결하면서 느낀 점은 '그래도 부동산이구나'이다. 돈 5,000만 원 모으기는 참 어렵다. 적금을 100만 원씩 부어도 50개월이 걸린다. 나가야 할 큰 금액들을 해결하는 건 결국 부동산이었다. 담보 대출을 받거나, 전세 보증금이 오르거나 집이 팔리면 작게는 2,000~3,000만 원에서 크게는 몇억 원에 이르는 큰 금액을 해결해줬다. 혼자 큰 숙제들을 해결하며 살아갈 수 있었던 건 결국 부동산 덕분이었다.

하나은행 하나금융경영연구소가 2024년 4월에 발간한 보고서에 따르면 10억 원 이상의 자산가들은 올해 추가할 투자 자산으로 부동산을 가장 많이 꼽았다. '그래도 부동산에 투자하겠다', '그래도 부동산이 돈이 된다'는 부자들의 말을 이번 하락장에서 실감했다. 돈을 불리는 것도 부동산이 지렛대가 되어주지만, 리스크를 넘게 해주는 것도 부동산의 힘이 컸다. 하락장 위기를 넘긴 후 다시 부동산 투자를 할 거냐고 묻는다면 난 '그렇다'라고 답할 것이다. 다만, 이번 하락장의 경험에 비추어 좋은 걸 싸게 사리라. 그러기 위해 대출 레버리지를 줄이고, 현금 투자를 늘릴 것이다.

힘든 하락장이 지나가고 있다. 부동산이 나를 N잡러로 만들었고, 그 일들이 나를 살아내게 한다. 나는 50세 N잡러다.

그래도 부동산

## 죽전 대학가에서 했던 고시원 수익률

| 투자금 | 9,300만 원 | 권리금 2,300만 원 + 보증금 2,000만 원 +<br>인테리어 5,000만 원 | |
|---|---|---|---|
| 비용 | 400만 원 | 월세 198만 원(부가세 포함), 전기세, 청소, 식자재,<br>관리비 등(200만 원) | |
| **룸 31** | 룸(개) | 방세(만 원) | 총수입(원) |
| | 원룸 20 | 45 | 9,000,000 |
| | 미니룸 10 | 28 | 2,800,000 |
| | 휴게실 1 | | |
| | | | 11,800,000 |
| | 수익률 | 1,180만 원 * 70%(30%공실) = 826 - 비용(최대 400만 원)<br>= 426만 원<br>426 * 12 /투자금 1억 = 수익율 약 51% | |

*월세가 저렴했고, 직접 관리로 인건비를 아껴 수익률을 높였다.

# 입지와 타이밍

2024년 7월 부동산 뉴스의 키워드는 '상승', '폭등'이다. 미분양이었던 분양권이 매진되고, 새로운 청약 단지의 경쟁률이 상당하다. 다시 상승장이다. 거래가 늘었다. 오늘도 부동산 중개소에 투자할 대상을 찾는 50대 부부가 찾아왔다. 부부는 본인의 투자금으로 살 수 있는 단지들을 이미 많이 돌아본 후였다. 실거주 집을 매수해서 20년 이상 거주하다 투자란 걸 해봐야지 하고 투자금을 마련했다. 투자로는 첫 투자다. 그들에게 지금이 매수 적기라고, 걱정 말고 사라고 했다. 하락장이 끝나가고 있다는 여러 신호들을 설명하며 말했다.

다시 상승장이 찾아오는 시기다. 전세금이 먼저 상승으로 돌아섰다. 금리가 내려갔고, 신규 공급이 멈췄으며, 거래량이 늘었다. 이런 상승의 신호들을 확인하고 들어가도 수익을 얻기에 늦지 않을 타이밍이다. 게다가 지금은 전고점이란 기준값이 있다. 상급지들의 전고점 회복 데이터들을 확인한다. 그 상승 흐름은 확대되고 있으니 그다음 급지의 것들이 시차를 타고 상승 흐름에 동반할 것이다. 어디를 살 것인가? 입지의 마지노선을 그었다. 서울, 수도권의 경기 남부, 경부선을 따라 평택 언저리까지로 아파트 투자를 마무리할 것이다. 이번 하락장에서 수도권 아래 지역이 어떤 흐름을 보이는지를 제대로 경험했기에 이제 똘똘한 1채에 대한 의미가 더 크게 와닿았다.

서울의 집값과 지방의 집값 차이가 더 벌어지고 있다. 양극화가 점점 커지고 있다. 무엇보다 인구 밀도의 차이가 크다. 학군, 교통 등 문화의 차이도 크다. 이런 조건은 심리의 차이를 만든다. 지방에 사놓았던 집들의 투자 결과는 참담하다. 집값은 내려가고 전세가는 더 내려갔다. 역전세로 내줘야 할 돈이 수도권의 집보다 더 큰 곳도 있다. 난 이런 집들을 정리 중이다. 더는 지방 투자를 고려하지 않는다. 상급지의 주택은 하락할 때 하락의 속도가 늦고, 상승할 때 상승 속도가 빠르다. 환금성에서도 차이가 컸다. 하락장에서 그나마 팔려서 현금을 만들어주었던 곳들은 모두 서울, 수도권의 매물이었다.

하락장을 벗어나 반등하는 신호를 읽어라. 추세가 보이면 투자금에 맞춰서 매물을 찾아라. 서울, 수도권에서 최대한 신축, 핵심지와의 거리 순으로 물건을 찾아라. 결국 심리다. 매수 심리가 몰리는 곳, 즉 선호 단지 중심으로 투자해라. '똑똑한 1채'는 정책과 시장의 유동성을 따르는 현재의 투자 방향이다.

여름(금리 인하 시기)에는 조정 시 매수, 현금을 다른 자산으로 바꾸며 현금 비중 축소, 남들보다 앞선 레버리지 투자(부채 확대)가 주효했다면, 겨울(금리 인상 시기)에는 반등 시 매도, 현금 비중 확대, 남들보다 앞선 디레버리징(부채 상환)을 염두에 두어야 합니다.

-배문성, 《부동산을 공부할 결심》

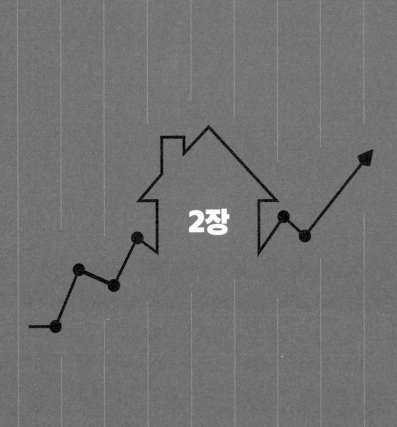

2장

# 아파본 사람만 아는
# 부동산 투자의 흔한 착각

# 가격이 내려도
# 등기는 남는다?

·

돈 자체가 행복을 안겨주지는 않지만, 확실히 청구서 납부는 쉽게 해준다.

| 토머스 J. 빌로드 |

흔히들 부동산은 안전자산이라고 말한다. 가격이 내려가도 등기는 남는 게 부동산이라 가격이 내려가는 구간만 잘 버티면 좋은 날이 오기 때문이다. 주식은 가격이 내려가면 휴지 조각이 되지만 부동산은 실체가 남는다는 말이다. 그래서 부동산은 손실을 보면 꼭 본전을 되찾고 싶은 사람들의 심리에 적합한 투자 상품이다. 그런데 과연 등기가 남는다는 것은 어떤 의미가 있을까? 남아 있는 등기의 부동산은 그 가치를 그대로 유지할까?

2022년에 울산 중심지에 있는 구축 소형 아파트를 3억 5,000만 원에 매수했다. 전세를 안고 매수할 때 매매가와 전세가의 차이는 3,000만 원이었다. 하지만 임차인의 전세 만기가 돌아왔을 때 전세 시세는 7,000만 원이 내려간 2억 5,000만 원이었다. 2024년 10월이면 만기가 돌아온다. 지금 전세가는 그전과 비슷하지만, 그사이 집값이 내려 3억 원에라도 팔리면 다행이었다. 임차인이 이사한다는 말에 바로 매도를 결정했다. 울산은 2024년부터 2028년까지 입주 물량이 계속 줄고 있다. 입주 물량 부족 구간에 접어들었다. 그런데도 매매가나 전세가의 복구 속도가 더딘 편이다. 본전 생각이 굴뚝같다. 추가로 자금을 투입해 등기를 유지하면서 집값이 회복될 때까지 기다려야 할까? 3억 원에 매도하면 5,000만 원이 휴지 조각이 되어 사라진다. 가격이 내려도 아파트 실체는 그대로 있지만, 다만 그 가치가 제대로 남아 있지 않다는 게 진실이다.

집을 사면 소유권 등기를 한다. 100억 원이 넘는 집값을 전액 현금으로 지불하는 그들만의 세상에 살지 않는 이상 대부분은 담보 대출을 이용한다. 혹은 전·월세 보증금을 이용하기도 한다. 그리고 때가 되면 재산세, 종부세, 양도세 등의 세금을 낸다. 이 집은 내 집이 맞을까? 그 등기는 내 것이 맞을까? 등기 내용에는 은행, 국가, 세입자 등이 집의 권리를 나눠 갖고 있다는 사실이 명시되어 있다. 그래서 경매에 나온 물건들을 보면 그 내용이 복잡하다. 소유권뿐 아니라 은행의 근저당권, 세금 관계에 따라 가압류가 더해질 수 있고, 전·월세 임차인에게 보증금을 못 내주면 임차권 등기가 설정될 수 있다. 부동산 가격이 내려갈수록 그 등기 내용이 복잡해지고 위험도 커진다. 그러니 부동산은 가격이 내려도 안전하다는 말이 틀릴 수 있는 것이다.

전세 계약을 하는 임차인 대부분은 전세보증보험을 가입한다. 이제 전세 계약 후 보험 가입은 당연한 절차가 되었다. 전세사기와 역전세 뉴스가 많아지면서 더더욱 보험 가입도 늘어나고, 보험 신청 건도 많다. 보험 신청을 하려면 임차권 등기를 먼저 해야 한다. 이후 보험회사는 세입자에게 보험금을 반환해주고, 임대인에게 6개월간의 유예 기간을 준다. 그래도 반환이 안 되면 경매 절차에 들어가는데, 이 같은 임차권 등기로 인한 경매는 법인 임대인뿐 아니라 개인 명의 임대인에게도 흔하게 이루어진다. 그러니 이 집이 등기상 소유권을 가진 임대인의 것인지 임차권 등기의 주체인 임차인의 것인지 구분하기 힘들다.

하락장의 부동산은 전혀 안전하지 않다. 특히 전세가까지 내려가는 역전세 상황에서 집을 감당하지 못하는 임대인이라면 등기를 법원의 경매 절차에 맡겨야 한다. '이 등기를 어떻게 손에 넣었는데…' 하고 억울해할 틈도 없이 넘어간다. '깡통 주택'이 되는 것이다.

'깡통 전세'는 매매가가 전세 보증금보다 싼 것을 말한다. 집값이 내려가면서 내어줄 전세 보증금이 부족해진다. 임차인들은 걱정이 커지고 임대인들은 막막해진다. 악의적으로 깡통 전세를 만든 임대인은 소수다. 어쩌다 보니 깡통 전세가 되어버렸다. 급격한 시장 변화에 대응하지 못한 결과다.

물론 이 또한 책임이 결코 작다고 할 수 없다. 거듭 말하지만 리스크 관리를 못하면 대가가 따른다.

또 다른 깡통은 대출이다. 2024년 현재 은행권에서 문제가 커지고 있다. 대출해주고 돌려받지 못하는 돈이 늘고 있다. 건설·부동산업 불황이 문제라고 하지만, 투자자들의 깡통 대출은 깡통 전세와 다를 바가 없다. 매매가격이 떨어지면서 이런 상황은 나뿐만 아니라 주변 투자자들에게도 줄줄이 벌어지고 있다. 그 와중에 금리는 오르고, 내야 할 세금까지 더해지면서 경매로 내몰리는 물건이 늘어나고 있다. 팔아도 남는 돈이 없다. 세금 낼 돈이 없다. 대출 원금 상환도 어렵다. 팔지도 못 하고, 소유권을 지키지도 못하는 악순환이 거듭된다.

그 원인은 집값이 내려갔기 때문이다. 매매가가 전세 보증금보다 내려갔고, 대출의 기준가인 KB시세가 내려갔다. 상승장의 기준가로 받았던 대출금보다 현재의 매매가가 더 내려간 것이다. 2020년 수원의 원천1차삼성아파트는 수원 영통구에 있는 공시가격 1억 원 이하의 아파트였다. 수원 영통구에 공시가격 1억 원 이하의 아파트가 있다니 놀라워하며 사람들은 법인과 개인 명의로 이 아파트를 매수하기 시작했다. 2022년 7월에 지인은 3억 1,000만 원에 이 아파트를 매수했다. 대출금 2억 3,000만 원과 월세 보증금 5,000만 원으로 자금 계획을 세운 뒤 실제 투자금은 수리비와 세금 등 부대 비용까지 6,500만 원가량 들어갔다. 하지만 2024년 5월 기준 이 아파트의 KB시세는 2억 3,000만 원으로 대출 원금에 불과하다. 결국 깡통 집이다. 월세 50만 원으로 대출 이자 80여만 원을 감당하지 못할뿐더러 매도해도 보증금과 대출을 모두 상환하지 못한다.

또 다른 예로 안성시 공도읍의 주은청설아파트도 공시가격 1억 원 이하로 2020년, 2021년에 투자자들이 몰렸다. 입지 대비 저렴하다고 평가되었기 때문이다. 나 또한 법인 명의로 2021년 초에 매수해서 그해 말에 시세 차익을 보고 매도했다. 7~8개월 사이에 저렴한 매매가격의 아파트로 얻은 수익치고는 꽤 큰 금액이었다. 이 아파트를 지인은 자녀 명의로 매수했다. 이전 투자자가 1억 2,000만 원에 매수했던 집을 2022년에 매매가 1억 9,500만 원으로 전세금 1억 8,000만 원을 안고 매수했다. 2년이 지난 현재 매매가는 1억 5,000만 원 정도, 전세 시세는 1억 3,000만 원이다. 깡통 집이 되었다. 전세가가 내린 만큼 그 차액인 5,000만 원을 마련해야 한다.

왜 이런 일이 생겼을까? 빌라 전세사기 뉴스가 한창일 때 정부는 2023년 1월부터 빌라의 보증보험 기준가격을 공시가격의 150%에서 140%로 내렸다. 게다가 2023년 5월부터는 전세 보증금이 기준가격의 90% 안에 들어야 보증보험 가입이 가능한데 공시가격이 내려간 상태에서 기준가격 계산 비율을 인위적으로 10%포인트를 낮췄으니 전세가는 자연히 내려갈 수밖에 없었다. 역전세는 당연한 결과였다. 빌라촌에선 난리가 났고, 그로 인해 힘들어진 임대인들이 한두 명이 아니었다. 2024년 아파트 전세가격의 상승 속도가 가팔라진 이유 중 하나는 빌라에서 넘어온 임차 수요 때문이었다. 정책이 전세난을 일으킨 원인 중 하나가 되었다.

역전세를 경험했거나 1997년 IMF 외환위기나 2008년 리먼 브라더스 사태를 겪었던 투자자들은 보통 보수적으로 투자에 임한다. 그런데도 2020년부터 시작된 이른바 부동산 불장은 자신이 세운 기존의 투자 기준을 의심하게 했다. 다른 사람들이 모두 달려가는 장에서 혼자 멈춰 있기는 힘든 법이다. 거래량, 매수 심리, 전세가, 매매가 등 여러 데이터의 숫자가 빠르게 움직였다. 집을 사지 않은 데서 오는 상대적 빈곤감이 컸다. 부동산 강의는 연일 매진이었고, 주식 리딩방과 코인 리딩방 사고도 빈번했다. 돈이 넘쳐났고 사람들은 그 돈을 잡기 위해 날뛰었다. 어디가 제자리고 무엇이 제정신인지 모를 시장이었다. 그렇게 우린 깡통이 될 집들을 산 것이다.

부동산 등기에 내 이름만 깔끔하게 남아 있는 것은 아니다. 하락장에서는 부동산이 내 소유일지라도, 진정한 자산이 아닐 수 있다. 언제든지 설정된 가압류나 근저당권의 금액이 집값을 초과할 수 있다. 가격이 내려가도 등기는 남지만, 집의 미래 가치가 온전히 지켜질 거라는 보장은 없다.

# 수익률이 높다고
# 수익도 많을까?

•

오랜 세월이 흐른 다음 나는 한숨을 지으며 이야기하겠지요.
"두 갈래 길이 숲속으로 나 있었다. 그래서 나는 사람이 덜 밟은 길을
택했고, 그것이 내 운명을 바꾸어 놓았다"라고.

| 로버트 프로스트, 〈가지 않은 길〉|

처음 부동산 투자를 시작할 무렵 부자들의 노하우를 알기 위해 열심히 책을 읽었다. 2015년 초 당시 베스트셀러였던 《월급쟁이 부자는 없다》의 저자는 28세 청년이었다. 그는 부동산 투자로 젊은 나이에 이미 경제적 자유를 얻었다. 그의 강의를 듣고 나서 방법을 그대로 따라 했다. 그가 20대 청년이라는 사실은 나에게 자극이 되었고, 실행력에 불을 지폈다. 그는 싼 빌라를 대출을 이용해서 경매로 낙찰을 받거나 매수

해서 월세를 받으라고 했다. 저금리였던 당시에는 이자를 내고도 현금 수입이 남았다. 그가 한 방식대로 내가 잘 아는 지역인 평택 서정동의 빌라 3채를 사서 월세를 받는 투자를 시작했다. 방법과 지역에 대한 확신은 없었다. 단지 28세의 젊은 부자를 따라 하고 싶었다. 각 매매가격이 5,000~6,000만 원선이었던 빌라 3채를 보증금 500만 원에 월세 40만 원의 수익 구조로 만드는 데 6,000만 원 정도의 투자금이 들었다. 수익률은 약 22%로 높은 편이었다. 보통의 수익형 임대 수익률이 5% 정도인 것과 비교하면 눈에 띄는 수익률이었다. 실거주할 집도 마련하지 않고 투자를 먼저 했던 이유는 부자가 된 그를 따라 하면 나도 부자가 될 줄 알았기 때문이다. 어떤 집을 사든 몇 년 후에는 가격이 오를 거라 믿었지만, 현실은 달랐다.

거의 10년이 지난 2024년 현재, 그 집들의 매매가는 1억 원 남짓이다. 첫 투자는 실패나 다름없다. 당시의 6,000만 원이란 투자금은 분당 정자동의 상록라이프 20평형 소형 아파트를 전세 안고 살 수 있는 금액이었다. 2015년에 3억 원대 중반이었던 이 아파트는 2024년 현재 8억 원대 중반의 실거래가를 보이고 있다. 공부와 확신 없이 무조건 따라 했던 빌라 투자는 실패였다.

2024년 5월, 청주의 중심지에 있는 32평(84㎡) 구축 아파트를 매도했다. 법인 명의였다. 수익은 수리비와 세금을 제하면 남는 게 아니라 마이너스나 다름없었다. 투자할 당시에만 해도 전세가가 매매가보다 높은 일명 '플러스피' 투자를 했었다. 2년이 지나기 전에 매도하여 수익을 낼 수 있을 줄 알았는데 매도가 되지 않았다. 이후 전세가는 떨어졌고, 매매가도 떨어졌다.

수도권은 전세가가 계속 오르면서 매매가는 전고점 가까이에 이르고 있다. 하지만 지방은 여전히 역전세로 힘들다. 이번에 매도한 아파트는 투자금이 들지 않았으니 수익률은 무한대였다. 하지만 결과적으로는 시세 차익에서 남는 게 없었다.

수원 영통구의 소형 아파트들은 비슷한 투자금과 보유 기간으로 청주 32평 아파트의 4배에 달하는 수익이 났다. 무엇을 샀어야 했는지는 매도 후의 결과를 보면 확실하다. 싸고 좋은 건 없다. 투자금이 같다면 비싼 것, 입지가 좋은 것을 사야 안정된 수익뿐 아니라 투자의 효율을 높일 수 있다. 결론은 단순하다. 좋은 것을 사야 한다는 것.

부자가 되기 위해 부자가 하는 대로 집을 샀다. 첫 번째 멘토의 방법대로 그 집의 종류와 형태는 상관없이 수익률이 좋은 빌라를 사서 월 수익을 늘리면 되는 줄 알았다. 집을 3채나 샀지만 그 집값이 올라서 자산이 늘어나는 데는 시간이 오래 걸렸다. 투자를 시작할 때 빌라보다 아파트가 돈을 불리는 시간을 줄일 수 있고, 월세를 받는 수익형 투자보다 전세를 이용하는 방법이 투자금을 줄일 수 있다는 걸 몰랐다.

좀 더 공부하고 실행했다면 자산을 키우는 속도가 더 빠르지 않았을까? 선택에 따라 3배 더 큰 수익을 낼 수도 있었다. 현시점에서 매도한다면 평택 빌라 3채에서의 시세 차익은 약 1억 5,000만 원이다. 분당의 소형 아파트를 그 시점에 사서 지금 매도를 한다면 시세 차익은 약 5억 원 정도일 테니 차이가 참 크다. 이 차이는 집도 집 나름이고, 투자도 투자 나 름이란 걸 깨닫게 했다. 어떤 물건을 사느냐에 따라 결과가 달라진다.

2024년 초, 지방 아파트의 역전세 건을 해결하기 위해 수 원 영통의 소형 아파트를 팔았다. 6년 전 1억 9,000만 원으로 집을 사들일 때 임대사업자를 위한 기금대출 8,000만 원과 LH 임차 보증금 8,000만 원에 20만 원의 월세를 받는 구조를 짰다. 이자 비용은 월세로 상계하니 결국 3,000만 원 정도의 투자금으로 매입할 수 있었다. 이 아파트를 이번에 3억 3,000 만 원에 매도했다. 이 아파트 또한 위의 빌라 투자와 비교하 면 수익률 면에서는 낮다. 다음 표에서 보듯이 연수익률만 따진다면 1.33%와 22%로 차이가 크다.

## ■ 영통의 소형 아파트 연 수익률 계산

| 내용 | 상세금액 | 금액 |
|---|---|---|
| 매입가액 | | 190,000,000 |
| 대출금액 | 대출 이자 2.5% | 80,000,000 |
| 총 보증금 | | 80,000,000 |
| 자기자본 | 매입가액-대출금액-총 보증금 | 30,000,000 |
| 월세 수입 | | 200,000 |
| 대출 이자 | (대출금액×대출 이자) / 12 | 166,667 |
| 월 수익 | 월세 수입-대출 이자 | 33,333 |
| 연 수익 | 월 수익×12 | 400,000 |
| 연수익률 | (연 수익/자기자본)×100 | 1.33% |

*매입 비용에 대한 부대비용은 제하고 매매-전세 차익만 고려했다(이하 동일).

## ■ 빌라 3채 투자 연 수익률 계산

| 내용 | 상세금액 | 금액 |
|---|---|---|
| 매입가액 | | 60,000,000 |
| 대출금액 | 대출 이자 3.5% | 40,000,000 |
| 총 보증금 | | 5,000,000 |
| 자기자본 | 매입가액-대출금액-총 보증금 | 15,000,000 |
| 월세 수입 | | 400,000 |
| 대출 이자 | (대출금액×대출 이자) / 12 | 116,667 |
| 월 수익 | 월세 수입-대출 이자 | 283,333 |
| 연 수익 | 월 수익×12 | 3,400,000 |
| 연수익률 | (연 수익/자기자본)×100 | 22.67% |

하지만 매도하면서 수익이 달랐다. 5~6년의 비슷한 보유 기간에 빌라는 양도세 계산 없이 4,000만 원, 아파트는 1억 4,000만 원의 시세 차익이 났다. 빌라와 비슷한 시기에 신축 원룸 오피스텔을 구입한 이유는 같았다. 수익률 높은 현금흐름을 만들겠다는 생각이었다. 하지만 종잣돈을 불리는 과정에서는 월세를 받는 구조보다 시세 차익을 위한 전세금 갭투자 구조가 유리했다.

시간을 투자하면 어떤 부동산이든 오르긴 하지만 그 효율은 상품에 따라 다르다. 수익률도 크고 시세 차익도 큰 상품은 따로 있다. 결론은 좋은 걸 사야 한다는 것이다. 같은 금액이라면 조금 더 좋은 입지에 있는 좋은 상품을 사는 것이 투자의 효율을 높이는 길이다.


부동산 투자에는 부동산을 매도하면서 차익을 실현하는 시세 차익형 투자와 매달 현금이 나오는 임대 수익형 투자가 있다. 시세 차익형 투자는 대부분 전세 레버리지를 이용하고 수익형 투자는 대출을 레버리지로 이용한다. 어떤 투자가 유리한지는 상황이나 투자금에 따라 다를 수 있으며, 각자의 투자 관점이나 기준에 따라 방법도 달라진다. 그러나 자산의 규모는 어떤 방법과 어떤 상품에 집중해서 얼마나 시간을 투자하느냐에 달려 있다.

현재 나는 시세 차익형 투자와 임대 및 사업으로 이루어진 수익형 투자의 비율이 7 대 3 정도다. 나이가 듦에 따라 점차 수익형 투자 비율을 늘릴 생각이다. 노후가 가까워지면서 줄어드는 수입을 임대 수입으로 채워야 하기 때문이다.

작은 수익률로 수익 크기를 늘릴 수 있는 대표적인 투자가 건물이다. 아파트, 상가, 건물, 토지 등 매매가가 큰 상품일수록 임대 수익률 4%를 맞추기가 힘들다. 다만, 그 상품들의 용도를 변경하거나 리모델링을 해서 투자를 한다면 단기간에 큰 시세 차익을 볼 수 있다. 연예인들이 집이나 건물 투자를 통해 단기간에 큰 수익을 올렸다는 뉴스를 자주 접한다. 돈이 돈을 번다는 말이 있듯 대출 레버리지를 무리하게 사용하지 않는 선에서 좀 더 좋은 상품으로 옮겨 가야 하는 이유다. 투자 금액이 큰 상품일수록 수익의 규모도 커진다.

빌라보다 오피스텔, 오피스텔보다 아파트, 아파트보다 건물, 수도권보다 서울 강남처럼 상급지의 상품으로 이동해야 한다. 수익률보다 수익의 규모에 집중해야 한다. 어떻게 하면 수익의 규모가 큰 상품을 매수할 수 있을지 고민해야 한다.

하지만 투자 초반기에는 살 수 있는 부동산의 폭이 좁다. 가지고 있는 종잣돈으로 가장 좋은 상품을 사려는 마음만 간절할 뿐 자신의 투자 성향과 상황에 맞는 투자가 무엇인지 모르고 남들이 하는 투자를 따라 하기 바쁘다. 열심히 빌라를 사서 월세 받는 투자를 따라 하기도 하고, 입주 물량은 따져보지 않고 매매가와 전세가의 차이가 작으면 아파트를 갭투자하기도 한다. 주택 수를 늘리는 투자를 해야 한다는 말에 열심히 주택을 사 모으기도 한다. 지식산업센터로 월세 수익을 높일 수 있다고 하면 누군가는 지식산업센터를 부지런히 사들인다.

이런저런 경험을 통해 최종적으로 내가 얻은 결론은 하나다. 임대 수익률보다 수익의 규모에 집중하는 게 낫다는 것.

그래서 내 투자금으로 살 수 있는 상품을 다양하게 찾아봐야 한다. 같은 투자금으로 살 수 있는 지역은 여러 곳이다. 그 상품들이 오르는 속도나 상승 폭도 제각각이다. 입지에 따라 수요의 형태나 규모도 다르다.

이제 막 부동산 투자를 시작했다면 실거주할 집부터 마련하기를 권한다. 그러고 나서 본격적인 투자를 시작해라. 투자할 수 있는 곳 중 가장 좋은 지역에서 상품 가치가 높은 것을 사라. 돈이 아직 부족하다면 전세 레버리지를 이용해라. 매매와 전세의 진행 과정을 파악하고, 시장을 계속 지켜보면 저점 매수 시기를 알게 될 것이다. 경험이 알려준다. 시기에 따라 투자금이 달라지고, 투자금에 따라 살 수 있는 상품이 달라지고, 그에 따라 수익이 달라진다는 걸 자연스레 알게 된다. 경험을 키워가면서 배포를 키울 수 있다. 이 배포가 돈 그릇이다. 투자의 규모를 확장하는 것은 경험에 의해 이루어진다. 어느 시기가 지나고 시세 차익이 모이면 투자금의 크기가 달라진 만큼 배포가 커져 있을 것이다. 이때 투자금이 큰 상급지로 한두 단계씩 옮겨 가면 된다. 시야가 넓어지는 만큼 굵직하게 굴러가는 상급지의 투자처가 보일 것이다.

나 또한 경험이 많아진 만큼 투자금도 커졌다. 하지만 시야가 계속해서 소액의 갭투자에 머무는 나의 돈 그릇이 문제였다. 갭이 큰 상급지로 투자처를 옮겼다면 자산이 지금보다더 커졌을 것이다. 주택 수를 늘리느라 똘똘한 지역의 주택으로 옮기는 것을 소홀히 했다. 상승장에서 전세 레버리지를활용해 최소 투자금으로 등기를 얻은 영웅담을 내 경험에 추가하고 싶었다. 이런 투자는 수익률로 따지면 4~5% 수익률인 월세를 받는 수익형 투자를 훨씬 웃돈다. 하지만 수익 크기로 따지면 얘기가 달라진다. 단돈 100만 원으로 투자했던지방의 구축 소형 아파트의 경우 매매 차익은 500만 원이었지만 취득세, 중개 수수료 등을 빼고 나니 100만 원이 채 되지 않았다. 이건 투자를 했다고 말하기에도 민망한 사례다.소액에만 집중하거나 수익률에만 치중하면 안 되는 이유다.

투자 초기에는 종잣돈이 작다 보니 집을 살 수 있다는 것에 의의를 두곤 한다. "100만 원 투자해서 500만 원 버는 게 어디냐, 수익률이 500% 아닌가!" 하면서 말이다. 참 단순한 계산이다. 직장인들의 돈 그릇 크기는 대개 월급 수준일 것이다. 월급만큼만 벌어도 그게 어디인가 한다. 투자 경험을 늘리면서 돈 그릇을 키워라. 공부는 그 속도를 빠르게 만들어줄 것이다. 그릇이 커져야 좋은 매물을 알아보고 한 번의 투자로 큰 수익을 얻을 수 있다.

> 돈은 그만한 그릇을 가진 사람에게 모인다네. 10억 원의 그릇에는 10억 원, 1억 원의 그릇에는 1억 원이 모이게 돼.
>
> ―이즈미 마사토,《부자의 그릇》

투자는 수익의 절대적 규모를 키워나가는 것이 목적이다. 적은 투자금과 높은 수익률에 집중하기보다 수익의 규모를 키워갈 방법을 계속해서 공부해라. 본인의 투자금으로 할 수 있는 가장 효율적인 투자처를 찾아야 한다. 단순히 소액투자, 수익률 크기에 흔들리지 마라. 같은 투자금으로 가장 좋은 걸 사라. 돈 그릇의 크기를 키워라.

# 아파트 30채면
# 경제적 자유를 얻을까?

•

집을 소유하는 것이 곧 부의 핵심이다.
재정적 풍요와 정서적 안정 모두를 준다.
| **수지 오먼** |

집을 팔고 또 팔아도 계속해서 쪼들리는 생활을 이어가는 나를 보고 사람들이 묻곤 한다. 그만큼 팔았으면 이제 역전세 고통에서 빠져나오지 않았느냐고 말이다. 그런데 아직도 30여 채가 남았다. 집이 30여 채면 시간의 제약과 돈의 부담에서 어느 정도 벗어날 줄 알았다. 하지만 여전히 난 나이 50에 여러 가지 일을 하면서 시간에 쫓기고, 현금 압박에서 자유롭지 못하다. 현금을 만들기 위해 가지고 있는 부동산 자산

을 계속해서 줄이고 있다. 금도 팔았다. 주식도 팔았다. 그런 와중에 임차 만기가 또 돌아왔다. 30채의 고통은 아직 끝나지 않았다.

30여 채의 집이 70여 채까지 늘어나는 데에는 '부동산 불장'이 있었다. 매수를 안 하면 손해를 보는 것만 같았다. 내가 안 사면 다른 누군가가 샀고, 얼마간의 시간이 지나고 보면 가격이 올라 있었다.

'아! 그때 내가 샀어야 했는데….'

매수하지 못한 것에 대해 한숨을 쉬며 아쉬워했다. 그랬던 불장이 식는 건 한순간이었다. 법인 명의로 집을 사고팔다 잘 모르고 맞닥뜨린 첫 번째 종부세는 억 단위였다. 1억 연봉 직장인이 한 푼도 안 쓰고 1년을 모아야 되는 돈이다. 세금은 오르고, 금리도 오르면서 보유 비용이 커지는 상황에 전세가는 떨어졌다. 매달 몇천만 원의 현금을 만들어야 했다. 30채가 넘는 집을 가지고 있지만 경제적 자유는 얻지 못했다.

그래도 부동산

"이게 끝인가 봐요. 더는 답이 없어요."

투자자들의 최종 목표인 건물주가 되었지만 매달 현금에 쫓기는 50대 중반의 어느 투자자의 이야기다. 그는 지금껏 투자를 잘해왔다고 생각했다. 아이들에게도 이만하면 여유를 주는 부모라고 생각했다. 무리한 신축을 하기 전까지는 말이다. 건물은 현금을 쥐어짜는 건조기 같았다. 그 현금들을 만들고 또 만드느라 여러 사람을 찾아다녔다. 하지만 여전히 다달이 돌아오는 이자 부담으로 힘들어했다.

"물건들이 왜 경매로 넘어가는지 알겠어요."

버틸 만큼 버티지만 들어올 현금이 없다. 돈이 나갈 곳은 많은데 들어오질 않으니 결국은 연체다. 버티려면 현금이 있어야 했다.

"대표님, 임대인 분이 연락이 안 되어 연락드려요."

2023년 중반의 일이다. 하락장이 깊어질 대로 깊어져서 투자자들의 얼굴에 모두 다크서클이 코 밑까지 내려온 시기였다. 중개했던 집의 임차인이 임대인과 연락이 안 된다며 혹시 다른 연락처가 있는지 내게 물었다. 만기가 다가와서 이사를 가야 하는데 연락이 안 되어 등기사항증명서를 떼봤더니 세금 가압류가 적혀 있더라며 불안을 토로했다. 무슨 일인가 싶었다. 법인 명의로 그 집을 매입했던 임대인은 건실한 직장인이었다. 투자를 무리하게 하지 않았던 것으로 기억하는데 혹시 종부세가 문제였을까?

법인 명의로 집을 산 사람들은 법인에 대한 종부세 부과로 한꺼번에 적게는 몇천만 원에서 많게는 억 단위의 세금 고지서를 받았다. 그 종부세를 감당할 정도의 현금이 있었다면 집을 지켰고, 그렇지 못하다면 가압류되었다가 시간이 지나 경매로 넘어가면서 집을 잃었다. 정책의 문제라고 할 수도 있겠지만, 리스크에 대한 대비의 문제이기도 하다. 현금만 있다면 넘지 못할 리스크는 없다. 적어도 내 경험상으로

그래도 부동산

는 그랬다. 여유 자금이 있거나 현금을 추가로 끌어올 능력이 있어야 했다.

10년간의 경험을 돌아보면 그 과정 하나하나가 버겁지 않은 것이 없었다. 참 많이 비틀거렸다. 울퉁불퉁 파인 웅덩이들을 피하느라 왼쪽, 오른쪽으로 흔들거리면서도 이만큼 왔다. 여기까지 올 수 있었던 힘은 뭐였을까? 결국 현금이었다. 기금대출이란 제도로 역전세를 넘겼던 것처럼 대출이나 매매로 큰 현금을 확보했기에 버틸 수 있었다. 부동산은 돈의 단위가 크다. 큰 단위의 돈이 들어오기도 하지만, 막고 메꿔야 할 때도 큰돈이 필요하다. 늘 여유 자금을 준비해두어야 했다.

30채의 집은 전세가격이 계속 오르는 경우의 수만 생각하며 매수했다. 전세 보증금이 매달 오르며 만들어주는 현금흐름만 상상하며 기분 좋게 부자 흉내도 내봤다. 하지만 늘어난 주택 수만큼 전세가가 떨어지는 역전세 시기에는 그만큼 내어줄 현금을 만들어야 했다. 하락장에 대한 대비는 바로 현금이었다. 돈에 쫓기지 않을 힘은 현금에서 나왔다. 현금이 주는 힘을 이자, 세금, 역전세 보증금 등 힘든 상황을 맞닥뜨리고 나서야 실감했다. 선배 투자자들의 조언으로 들을 때와는 전혀 다른 강도였다.

"욕망이 욕망을 낳는다."

이 말처럼 무언가를 원할수록 점점 더 원하고 갖고 싶어지게 마련이다. 1채를 사면 2채를 사고 싶었다. 2채를 사고 다시 3채를 사면서 등기권리증을 모았다. 등기권리증 하나하나가 마약 같았다. 막연히 잘될 거란 기대는 그대로 위험이 되어 돌아왔다. 바람은 한쪽으로만 불지 않는다. 언제라도 방향을 바꿀 수 있고, 한자리에서 맴도는 회오리가 될 수도 있었다.

아파트 투자를 해오는 7~8년 동안 일반적인 갭투자부터 임대사업자 기금대출을 선대출로 이용하고 전세를 뒤로 맞추는 후순위 전세 갭투자, 법인 명의를 이용한 갭투자까지 다양한 방법으로 투자해왔다. 그러다 법인 명의의 집이 매도가 안 되고, 전세 세입자를 들이는 속도가 더뎌지면서 잠시 멈춰 투자 내용을 정리해보니 내가 보유한 집이 70여 채가 되어 있었다. 70여 채 아파트의 전세 보증금이 내려갔고 만기를 맞이한 임차인들은 아우성쳤다. 그 아우성의 크기만큼 만들어야 할 현금 때문에 정신이 아득해졌고 곧이어 몸에 이상이 찾아왔다. 일주일간 아무것도 먹지 못한 채 계속 토하기만 하는 신체적 번아웃이 올 정도로 고단한 하루의 연속이었다.

맹목적인 주택 수 늘리기는 경제적 자유를 위한 시스템이 아니라 하락장에 폭망으로 이끄는 도화선이었다. 공부가 부족했다. 대비가 부족했다. 특히 40세 이후에 시작한 나의 투자는 좀 더 보수적으로 접근했어야 했다. 돈을 잃는다면 그것을 다시 모으고 불리는 데까지 드는 시간 자체가 투자의 리스크였다. 수입이 줄어서 다시 원위치까지 가기가 버거울 수 있다. 4050 투자자들은 좀 더 세심한 대비와 공부가 필요한 이유다. 이쯤에서 모두가 꿈꾸는 '경제적 자유의 의미'에 대해 생각해보자. 소득의 자립, 시간의 자유, 경제적 선택의 자유 등 여러 가지 측면을 포함하기 때문에 각자에게 그 의미는 조금씩 다를 수 있다. 쇼펜하우어는 경제적 자유에 대해 이렇게 말한 바 있다.

다른 사람에게 손 벌리지 않을 정도의 재산이 있고 여가를 누릴 수 있는 뛰어난 정신력을 지닌 자.

행복하기 위한 경제력은 멀리 있지 않다. 본인의 돈 그릇 크기를 아는 것이 중요하다. 욕심에 눈이 멀어 그 크기를 착각하면 안 된다. 돈 그릇을 알기 위해서는 자신의 자산 규모를 계속 들여다보고 정비해야 한다.

삶 속에 욕망을 넣어야지, 욕망 속에 삶을 집어넣지 마라.

-류시화, 《지구별 여행자》

그래도 부동산

# 가격을 내린다고
# 팔릴까?

•

경제적 노동에서 자유롭고, 하기 싫은 일을 하지 않고, 하고 싶은 일을
하고, 시간과 공간에 구속받지 않는 상태가 가장 행복하다.

| 김승호 |


많은 사람이 원하는 경제적 자유란 돈으로 인해 불편하지 않
은 정도일 것이다. 좀 더 구체적으로는 기업인이자 《돈의 속
성》의 저자 김승호가 말하듯 하고 싶은 걸 하고, 하기 싫은
걸 안 할 수 있는 자유가 아닐까? 각자의 기준이 있겠지만 나
또한 다른 사람에게 아쉬운 소리 하지 않고, 하기 싫은 일을
하지 않을 자유를 얻기 위해 투자라는 세계에 발을 디뎠다.
하지만 원하는 만큼의 선을 정하지 않은 투자는 욕심을 키우

면서 위험을 만들었다. 매도할 시기에 매수를 하고, 매수할 시기에 매도를 하면서 손해를 키웠다.

고금리의 장기화로 2023년 11월 수도권에서 경매 시장에 나온 주택 수가 1년 전보다 많게는 3배 이상 증가한 것으로 나타났다. 집주인들이 높은 대출 이자와 세금을 견디지 못하면서 경매로 넘긴 것이다. 고금리로 전세 수요보다 월세 수요가 늘어나자 역전세가 심해졌다. 보증금을 받지 못하고 전출한 임차인들이 설정해놓은 임차권 등기로 인해 경매로 나온 물건도 다수였다. 사정을 모르는 사람들은 말한다. 그러기 전에 팔면 되는데 욕심내다가 안 팔아서 생긴 일이라고 말이다. 하지만 누구보다 팔고 싶은 사람이 집주인이다. 팔고 싶어도 팔리지 않는 시장이 하락장이다. 더 떨어질까 두려워서 집을 사는 이가 없다. 집만 팔리면 해결될 문제라고 생각했는데, 아무리 집값을 내려도 팔리지 않아 애를 태운다.

언젠가 건물주들의 모임이 있었다. 건물주라고 하면 월세를 받으면서 유유자적한 시간을 보내는 사람일 거로 생각할 것이다. 하지만 그들은 10여 년 동안 소액 갭투자로 모았던 소형 아파트들을 팔거나 담보 대출을 받아서 다세대 주택을 신축한 건물주들이었다. 저금리 시기였다면 전·월세로 신축 건물을 채우면 대출 이자의 부담에서 벗어났을 것이다. 그리고 임차인들이 바뀔 때마다 임차료를 올려 받으며 적당한 긴장감을 유지하면서 살았을 것이다.

하지만 7~8%의 대출 이자는 점점 감당하기 벅찼다. 전세 사기가 기승을 부려 빌라의 전세 수요마저 없었다. 이들은 가지고 있던 아파트를 팔려고 내놨다. 아무리 싸게 내놔도 나가지 않았다. 임차인들은 임차권 등기를 해놓고 이사 갔지만, 보증보험 회사에서 말한 6개월의 시간이 지나도록 집이 팔리지 않았다. 보증금과 세금, 이자의 삼중고에 건물주들의 얼굴이 어둡다. 어떻게 하면 팔릴까? 언제쯤 팔릴까? 이들과 나의 고민은 같았다. 결국 시장이 상승세로 돌아서야 팔린다는 걸 알기에 금리, 거래량, 전세가 상승 등 데이터를 하나하나 유심히 살펴보고 있다. 세계의 금리 방향을 결정하는 미국의 연방준비제도 의장인 제롬 파월의 입에 집중한다.

설상가상. 말 그대로 엎친 데 덮쳤다. 2022~2023년 대출 이자는 폭등하고, 전세가는 폭락했다. 뭐부터 정리해야 할지 당황했다. 우왕좌왕, 갈피를 잡지 못했다. 초보 투자자들만 그런 게 아니었다. 10년, 20년 이상 투자한 사람조차도 자기 발등의 불을 끄느라 정신이 없었다. 부동산 투자를 하는 사람들에게 무서운 날들의 연속이었다. 만기가 된 세입자뿐만 아니라 만기가 한참 남은 세입자들까지 이사 가겠다며 보증금을 달라고 했다. 쓰나미도 이런 쓰나미가 있을까? 고민하다 집을 팔아야지 하고 내놓는다. 한 달, 두 달, 석 달…. 어떤 부동산에서도 소식이 없다. 당시 다주택을 세놓은 임대인 중 제정신으로 사는 사람은 거의 없었을 것이다.

2024년 2월에 수원 영통의 소형 아파트 매매를 중개했다. 매도인은 30대 젊은 투자자였다. 팔려서 다행이라고 말하지만 아쉬워하는 표정이 역력했다. 상승장의 꼭대기였던 2022년 초 4억 5,000만 원일 때는 비과세 조건이 아니라서 못 팔고, 임대 만기 때는 임차인이 계약갱신청구권을 쓰다 보니 못 팔았다.

"차라리 비과세 포기하고 그때 팔고 양도세를 내는 게 나았어요. 그게 지금 비과세를 적용받는 수익보다 더 커요. 비과세 욕심도 났고, 더 오르겠지 하는 욕심도 있었고…."

투자하면서 사람들은 말한다. 모두가 사려고 할 때 팔고, 모두가 팔려고 할 때 사라고. 하지만 알면서도 반대로 할 때가 많다. 이 원칙을 지키기엔 시장의 변수가 크다. 상승장이 길어지면서 상승 폭은 커졌다. 한두 번의 행운에 욕심을 내기도 했다. 임대 등록한 매물들은 또 다른 이유로 팔지 못하기도 했다.

2,000~3,000만 원 갭으로 매수했던 집들이 5~6년이 지나는 시점에 폭등했다. 상승장 어느 지점에서 매도해도 수익이 컸다. 지금보다 나았다. 임대 등록한 매물이라 보증금이

낮게 들어가 있었다. 이 매물들을 매도하면 좋았겠지만, 당시만 해도 종부세 합산 배제 혜택과 의무 기간을 채운 후 매도 시 차익의 50%를 공제받는 양도세 혜택을 놓치기 아쉬웠다. 그래도 팔기 위해 임차인에게 임대 등록 말소 동의서를 요청했지만 써주는 임차인이 없었다. 임차인을 위한 제도이다 보니 임차인의 허락 없이는 집을 팔 수 없었다. 또 한편으로는 위의 젊은 매도인처럼 더 오를 것 같아서 팔지 못했다. 그러다 2024년 초에야 전고점 대비 많이 내려온 가격으로 임대 등록했던 매물들을 매도할 수 있었다. 임차인이 이사한다며 임대 등록 말소 동의서에 사인을 해줬다. 매도 시점을 놓친 수익이 아쉬웠지만 그래도 팔려서 다행이었다. 필요한 현금을 확보할 수 있었으니까.

40대 L씨는 투자 경험이 20년이 다 되어간다. 꾸준히 사고팔면서 시세 차익형 투자를 주로 했다. 주택 수를 많이 늘리지 않으면서 위험을 최소화하는 스타일이었다. 그런데도 2019년부터 2021년까지 이어진 상승장에서는 더 과감하

그래도 부동산

게 투자했다. 1인 법인을 만들어서 명의 문제를 해결하고 단기 차익형 투자를 했다. 투자하면 할수록 새로운 방법이 나왔고, 그 방법을 알려주는 강의를 쫓아다니면서 핀셋처럼 찍어주는 지역과 단지를 찾아가 매수했다. 2020년 7·10 부동산 대책으로 취·등록세 중과가 발표되었다. 이때 취·등록세 중과 예외가 공시가 1억 원 이하 주택이었다. 그러면서 법인 투자자들은 공시가 1억 원 이하 아파트를 휩쓸기 시작했다. 나역시 당시의 광풍에 내가 세운 기준을 망각한 채 지방의 공시가 1억 원 이하의 아파트 여러 채를 매수했다. 처음에는 괜찮았다. 한 달 만에 6,000만 원의 매매 차익을 보기도 하고 서너 달 만에 1억 원의 매매 차익을 보기도 했다.

하지만 세상 모든 일에는 끝이 있게 마련이다. 계속 오르지도, 계속 내리지도 않는다. 오를 때 내릴 것을 생각하고, 내릴 때 오를 것을 생각해야 했는데 그러지 못했다. 집값이 올라서 수요자가 많을 때 팔아야 했다. 2021년 하반기부터 매수했던 공시가 1억 원 이하의 아파트들을 팔아야지 할 때는 이미 시장의 방향이 바뀐 뒤였다. 금리가 오르면서 하락 조

짐이 보였다. 세금에 직격탄을 맞은 법인 매물들을 매도해야 하는데 매수자가 뚝 끊겼다.

2020년 정부는 법인에 대한 부동산 세제를 강화했다. 당시 부동산 시장의 열기가 과열되자 법인 설립을 통한 부동산 투자를 투기로 봤다. 정부는 6·17 부동산 대책을 통해 법인에 대한 규제를 강화했다. 법인이 보유한 주택에 대한 종부세율이 인상돼 개인 세율 중 최고 세율인 3%(2주택 이하)와 6%(3주택 이상, 조정지역 2주택)가 적용되기 시작했다. 또 법인이 보유한 주택에 대한 종부세 기본 공제(6억 원)도 폐지됐다. 이 같은 규제는 2021년 종부세 과세분부터 적용되기 시작했는데, 이때부터 나는 내리 2년간 억대 종부세를 내야 했다.

L씨는 법인 명의의 모든 매물을 최저가로 내놓았다. 하지만 매수자가 없었다. 이후 우울증으로 두문불출하고 있다. 사려는 사람은 없고 그저 팔려는 사람들만 부동산 중개소로 전화와 문자를 돌릴 뿐이었다. 중개업을 하는 나도 이렇게 받은 매물이 상당하다. 매수 관련 전화를 받는 건 가뭄에 콩 나는 것보다 드물었다. 내가 부동산에 내놓은 매물들의 상황

그래도 부동산

**■ 부동산 세율이 강화되었던 2021~2022년 세율**

| 과세표준 | 2주택 이하 | | | 3주택 이상, 조정지역 2주택 | | |
|---|---|---|---|---|---|---|
| | 현행 | 개정 | | 현행 | 개정 | |
| | | 개인 | 법인 | | 개인 | 법인 |
| 3억 원 이하 | 0.5% | 0.6% | 3% | 0.6% | 1.2% | 6% |
| 3~6억 원 | 0.7% | 0.8% | | 0.9% | 1.6% | |
| 6~12억 원 | 1.0% | 1.2% | | 1.3% | 2.2% | |
| 12~50억 원 | 1.4% | 1.6% | | 1.8% | 3.6% | |
| 50~94억 원 | 2.0% | 2.2% | | 2.5% | 5.0% | |
| 94억 원 초과 | 2.7% | 3.0% | | 3.2% | 6.0% | |

자료: 국토교통부

도 마찬가지였다. 3년 동안 늘어난 건 공황장애 알약의 숫자
다. 숨이 가빠지거나 가슴을 찌르는 듯한 통증의 공황장애
증세가 더 심해지곤 했다.


　부동산은 환금성이 약하다. 아파트는 그나마 환금성이 좋
은 상품이라고 하지만 매도하고 싶을 때 매도가 쉽지 않다.
그래서 투자자들은 매도가 투자의 꽃이고 예술이라고 말한
다. 시장이 안 좋을 때는 사람들의 심리가 얼어붙어서 아무
리 저렴하게 내놓아도 매수자를 찾기가 쉽지 않다. 내리고

또 내려도 더 내리겠지 하고 기다린다. 그래서 경매로 넘어간 집에 대해 "미리 팔았으면 됐을 텐데…"라고 쉽게 말할 수 없는 것이다. 집이 팔리는 것 또한 인생과 비슷하다. 그 집만의 때를 만나야 한다. 그 때를 만날 확률은 상승기일 때 높아진다. 하락장에서는 마음대로 되지 않는 게 매도다.

2024년 3월, 지방 아파트 시장이 꿈쩍도 하지 않았다. 집값이 내려가니 임차인을 내보내기 위해 '역전세 반환 대출'을 받아도 돈이 모자랐다. 하다못해 전세가로라도 매도를 해야겠다며 20곳이 넘는 부동산 중개소에 집을 내놨다. 심지어 다른 동네 중개소에까지 내놨다. 매일 전화하고, 문자를 보냈다. 결국 매수했던 금액보다 3,000만 원을 내린 가격에 매도가 이루어졌다. 그나마도 다행이라고 여겼다. 추가로 돈을 보태지 않고 고비를 넘기는 것에 안도했다. 법인 명의로 매수를 하면서 납부한 취·등록세까지 더하면 이 아파트 투자로 인한 손해는 5,000만 원이 넘었다. 법인의 취·등록세는 2024년 현재까지 개인 최고 세율 12% 규제를 받고 있다. 매매가

2억 원짜리 매물을 사도 취·등록세만 2,480만 원이다. 부담스러운 금액이다. 취·등록세 부담 때문에 법인은 공시가격 1억 원 이하의 주택 외에는 사기가 어렵다. 수요가 줄었다. 매도가 더 힘든 이유다.

쥐어짤 대로 짜서 더는 현금이 나올 구멍이 없었다. 돈을 더 투입해서 지킬 여력이 없었다. 그러니 돈을 더 마련하지 않아도 되는 것을 위안으로 삼았다. 하락장 2년을 겪다 보니 수익인지 손해인지 계산하는 것이 문제가 아니었다. 당장 현금이 없는 상황이 되니 눈앞의 불을 끄는 데만 초점을 두었다. 현금에 여유가 있으면 적절한 때를 기다렸다가 팔 수도 있었을 텐데 말이다. 부동산은 시간이 지나면 다시 오를 가능성이 크기 때문에 결국 기다리면 되는데 그럴 여력이 없으니 손해를 보더라도 팔 수밖에 없었다. 그마저도 하락장에선 팔리지 않으니 피가 말랐다.

부동산은 주식, 채권 등과 같은 일반 자산과 달리 거래 비용이 높아서 팔아야지 한다고 바로 팔리지 않는다. 투자를 시작하면서 팔 때를 생각해야 한다. 팔리지 않을 때 가격을 끝없이 내려가며 팔려고 발버둥 치지 않으려면 리스크를 최소화해야 한다. '문제가 생기면 그때 팔아서 해결하면 되지'라는 안일한 생각은 절대 하지 말아야 한다. 하락장엔 가격을 내려도 잘 팔리지 않는다는 사실을 꼭 기억하길 바란다.

그래도 부동산

# 수요와 공급만 보면
# 역전세를 피할까?

•

변경을 허용하지 않는 것은 나쁜 계획이다.

| 푸블릴리우스 시루스 |

2024년 5월 중순의 어느 날, 살살 불어오는 바람과 초록을 보며 걷기에 딱 좋은 날이었다. 별일이 없다면 말이다. 하지만 나는 대출을 신청하기 위해 은행에 가야 했다. 5월 말에 있을 임차인의 전출이 두 건이고, 6월 초에 또 한 건이 있다. 전세가가 오르고 있지만 아직은 2022년의 꼭지 가격에 못 미쳤다. 2022년부터 내내 하락장이 끝나기만을 기다리고 있다. 살면서 지금처럼 힘든 때가 있었나 싶다. 늘 힘들었지만 "죽

을 만큼 힘들어"라는 말을 입에 달고 사는 정도는 아니었다. 아르바이트 한두 개 정도 더하면 어찌어찌 견디고 넘어갈 수 있었다. 하지만 이번엔 달랐다. 무섭고 두려웠다. 나이 50에 나는 어쩌다 이런 상황을 만들었을까?

2024년부터 서울뿐 아니라 수도권의 아파트 공급은 없다 시피 하다. 전문가들은 전세가가 급등하리라 예측했고, 시장 은 그렇게 흘러가고 있다. 2024년 7월 셋째 주 기준 경기도 의 전세가는 57주 연속 상승하고 있다. 이 상황은 집값이 급 등했던 2020년에도 똑같았다. 공급이 없고, 유동성이 풍부한 상황에 전세가 상승을 예측했고, 임대차 2법까지 더해지면서 전세가가 급등했다.

수요와 공급은 경제학에서 중요한 개념이다. 이 개념은 시장에서 상품이나 서비스의 가격과 수량이 형성되는 원리 를 설명한다. 가격이 낮을수록 사고자 하는 수요가 증가한 다. 반면 가격이 높을수록 공급이 증가한다. 시장에서는 가

그래도 부동산

격과 수량의 조정이 계속 일어난다. 부동산 투자의 기본 원칙도 그렇다.

하지만 대한민국 부동산은 수요와 공급에 의해서만 가격이 결정되지 않았다. 적어도 내가 경험한 두 번의 역전세는 그랬다. 2017년에 동탄신도시의 주택 공급으로 겪은 첫 번째 역전세에서는 '공급이 역전세를 만드는구나'를 배웠고, 2022년 두 번째 역전세에서는 '그게 전부가 아니구나'를 배웠다. 정부 정책과 세계 경제까지 살펴야 했다. 특히, 정부의 정책이 중요한 변수가 되었다. 정부는 규제 강화와 완화를 반복하면서 수요와 공급을 조절한다. 2020년, 가격이 오르던 시기에 전문가들은 정부가 시장을 이길 수 없는데도 정부가 공급을 늘리지 않고 수요만 억제하는 것이 가격 상승의 원인이라고 지적했다. 공급만이 가격을 내리는 방법이라고 말했다.

"아파트가 빵이라면 밤이라도 새워 만들겠다."

2020년 11월 당시 국토교통부 장관이었던 김현미 장관이

한 말이다. 극심한 전세난 해결을 위해 빌라보다 아파트를 공급해야 하는 것이 아니냐는 지적에 위와 같이 답했다. 아파트는 공사 기간이 필요하기 때문에 수요가 있다고 해서 바로 공급할 수 없다는 의미다. 이는 아파트 공급의 현실적 어려움을 강조한 말이었다. 전문가들은 2021~2022년 서울의 아파트 입주 물량이 이전과 비교해서 줄어드는 이유가 5년 전에 아파트 인허가 물량이 대폭 줄었고 공공택지도 상당히 취소됐기 때문이라고 했다. 부족한 입주 물량을 근거로 부동산 시장 상승을 전망했다. 결론적으로 그들의 의견은 틀렸다.

'아실', '호갱노노' 등 언론에서 많이 참조하는 민간 통계에서는 입주의 선행지표로 분양 물량만 집계하고 착공 물량은 도외시하는 것 같습니다. 하지만 앞에서 밝힌 대로 이미 착공한 현장들은 예정보다 다소 지연될 수는 있을지언정 결국 완공됩니다.

－배문성,《부동산을 공부할 결심》

그래도 부동산

부동산 투자는 심리다. 사람들의 심리를 알면 언제 사고 언제 팔아야 할지 좀 더 감이 온다. 전문가나 뉴스에서 부동산 경기에 대해 떠드는 것보다 더 신경 써야 하는 것이 사람들이 부동산 경기에 대해 어떻게 느끼느냐다. 사람들은 공급이 감소하면 매수하기 힘들 거라는 생각에 불안감을 갖고 경쟁하듯 샀다. 수요가 넘쳐났고 치솟는 가격과 그 속도가 가팔랐다. 이는 전세가격을 경쟁적으로 올렸다. 대출을 받아서 집을 사고 전세금을 높여 비용을 맞추는 과정을 여러 투자자가 이어갔다. '설마 미국 기준금리가 5%를 넘겠어' 하는 안일한 생각을 하면서 말이다. 하지만 공급은 부족하지 않았다. 이미 착공되었으나 완공이 지연된 숨겨진 공급 물량 등을 보지 못했다. 또한 집값은 단순히 공급 물량 하나로만 결정되는 게 아니었다. 당시의 시장을 따지고 보면 금리 인상, 대출 규제, 세금 중과까지 무엇 하나 상승을 향한 요소가 없었다. 상승장에서 공급이 부족하니 더 오를 거라는, 듣고 싶은 말만 듣고 추가 매수를 감행했던 주택들은 위험자산이 되었다.

지금 사지 않으면 집값이 더 올라 영영 집을 못 살 수 있다는 불안감은 무주택자들에게 더욱 컸다. '공급 절벽'이란 단어가 매일 뉴스에 등장했다. 스스로 분석하고 따져봐야 한다는 것은 알지만 뛰어가는 집값에 그런 생각은 뒤로 밀렸다. 결국 꼭지에 매수한 집들이 위험한 현실이 됐다.

주택만이 아니었다. 분양권을 입주 잔금 지급 기일 전에 매도해서 시세 차익을 볼 거라며 수익형 상품인 원룸 오피스텔, 지식산업센터 등으로 투자자들이 몰려갔다. 이때가 부동산 상승장의 막판이었다. 이들을 보며 가지고 있던 물건들을 정리했어야 했다. 이 광풍의 결말이 인생의 태풍과 쓰나미를 몰고 올 것이라는 걸 눈치챘어야 했다.

2017년부터 동탄신도시의 엄청난 입주 물량으로 역전세를 겪었던 난 다시는 그런 위험에 빠지지 않을 거라며 공급량을 점검하고 또 점검했다. 상황을 살펴보지 않고 미리 대비 없이 당하는 실수는 한 번으로 끝내자고 다짐했다. 매수한 후 전세 만기 시점이 돌아오는 2년 뒤 그 동네의 입주 물량을 살펴봤다. 적어도 주택 공급량으로 인해 전세가가 떨어지지 않을 곳을 찾았다. 혹여라도 맞닥뜨릴 역전세를 대비하기 위한 현금도 비축했다. 하지만 역전세는 공급량만으로 일어나는 리스크가 아니었다. 정부 정책은 충분히 시장의 방향을 바꿔 역전세를 만들 수 있었다.

2023년 정부는 빌라나 오피스텔의 보증보험 가입 기준가격을 '공시가격×126%'로 정했다. 이전에 150%였던 기준가격을 140%의 90%인 126%로 정하니 전세 보증금이 자연스럽게 따라 내려왔다. 임대인들은 주택당 몇천만 원씩의 역전세를 감수해야 했다. 나 또한 KB시세 90%의 보증보험 가입 가능 금액으로 전세가격을 내렸다. 전세 물건이 없었지만 전세가는 올라가지 못했다. 정부가 전세가를 정해준 꼴이 되었다. 이런 물건이 한두 채만 있어도 5,000만 원이 넘는 돈을 마련해 집에 넣어야 했다. 그러다 보니 임차권 등기가 설정되고 보증보험 회사에서 정한 6개월이 지나서 경매 절차로 넘어가는 사례가 많아졌다. 그만큼 전세 보증금을 돌려받지 못한 세입자도 급증했다.

올해 전세 보증금을 지키기 위해 임차인이 신청하는 '임차권 등기명령' 신청 건수가 지난해보다 58% 증가했다.

-2024. 5. &lt;중앙일보&gt; 기사 중

2019년의 뉴스는 연일 주택 공급 부족을 말했다. '서울은 공급 절벽이라 아파트 가격이 계속 오를 수밖에 없다'는 뉴스 기사에 사람들의 마음은 더 조급해졌고, 투자자들 역시 집값은 더 오를 것이라고 착각했다. 2019년부터 이어진 상승장의 공급 물량은 부족하지 않았다. 뉴스에서 말하는 '공급 절벽'은 오보였다. 2020년 서울 아파트의 입주 물량은 2019년 4만 3,006가구보다 2.3% 감소한다는 뉴스가 있었지만 실제로는 24.4% 증가한 5만 6,784세대가 공급됐다(배문성, 《부동산을 공부할 결심》). 당연히 상승하리라 예상했지만, 매매와 전세가는 떨어졌다. 특히 서울의 하락이 가팔랐다. 주변 수도권뿐만 아니라 지방까지 하락세가 줄줄이 이어졌다. 공급 문제보다 다른 문제가 컸다. 바로 금리와 정책이 문제였다.

금리와 정책 중에서도 금리 인상의 여파가 컸다. 높은 금리는 시장의 심리를 얼어붙게 만들었다. 옴짝달싹하지 못하게 했다. 주택을 매수해서 언제쯤 어느 가격에 매도해야지 하고 세웠던 계획들이 의미가 없어졌다. 계획은 실패했고 변화에 적절하게 대응하지 못하면 파산이었다. 많은 법인과 개인 명의의 부동산이 임차권등기명령 후 경매로 넘어갔다. 전세사기 사건 이후 변경된 전세보증보험 가입 기준가격 정책도 임대인들에게는 자연스럽게 만들어진 역전세의 함정이었다. 임대 보증금을 돌려주지 못한 임대인 중 몇 명은 다중채무자가 되어 구치소에 갔다는 소식도 들려왔다.

수요와 공급이 부동산 시장의 절대 기준은 아니다. 전반적인 흐름을 예측하고 대비하는 투자를 해야 한다. 귀를 함부로 열면 안 된다. 투자를 너무 어렵다고 생각하면서 발을 떼지 못하는 투자자도, 별거 아니라고 섣불리 발을 떼는 투자자도 계속해서 공부해야 한다. 현재 일어나고 앞으로 일어날 현상에 대한 이해가 필요하다. 2024년 7월이다. 전세가가 오르기 시작한 시장은 이제 상급지부터 매매가가 전고점을 돌파하고 있다. 공급이 없기 때문이라고 하지만 금리가 내려가는 상황이 더 크게 작용한 것일 수 있다. 또한 빌라 전세 수요가 아파트로 몰리면서 수요가 많아진 이유도 있다. 현상의 이유를 하나로 단정 짓지 말고 다양한 관점에서 살펴봐야 한다. 위험을 좀 더 일찍 내다보면 그에 대한 대비도 여유 있게 할 수 있다. 금리, 정책, 공급, 심리, 거래량 등 여러 데이터를 놓치지 말아야 하는 이유다.

그래도 부동산

## 돈 안 내고 부동산 시장 흐름을 알 수 있는 곳

- **국토교통부 실거래가 공개시스템(rt.molit.go.kr)**: 부동산 거래 가격이나 거래 동향을 신속하게 확인할 수 있다.

- **네이버 부동산(land.naver.com)**: 부동산 매매, 전·월세 정보를 찾아볼 수 있다.

- **한국부동산원 부동산통계정보시스템(www.reb.or.kr/r-one/main.do)**: 한국부동산원에서 운영하는 사이트로, 부동산 시장의 동향과 통계 자료를 편리하게 찾아볼 수 있어 부동산 시장 흐름을 파악하는 데 유용하다.

- **서울시 부동산 정보광장(land.seoul.go.kr)**: 서울시에서 제공하는 부동산 정보로, 서울의 다양한 부동산 유형에 대한 실거래 가격, 거래량, 매물 현황 등을 조회할 수 있다. 부동산 관련 정책이나 제도 안내는 물론 부동산 시장의 최신 소식도 접할 수 있다.

- **씨리얼(seereal.lh.or.kr/main.do)**: 한국토지주택공사에서 운영하는 사이트로, 부동산 정책, 통계 등 부동산 콘텐츠를 제공한다.

- **KB부동산(kbland.kr)**: KB국민은행이 만든 부동산 플랫폼. 은행 담보 대출의 기준이 되는 KB시세와 실거래가, 분양, 세금 등을 알아볼 수 있다.

# 개인 투자 vs. 법인 투자

2019년에 법인 사업자에 대한 강의를 듣고 책도 찾아 읽으며 열심히 공부해보니 법인 사업자가 세금 면에서 유리한 점이 많았다. 부동산 투자에서 세금은 큰 부담이다. 개인 명의 투자에서는 세금이 큰 압박으로 다가왔는데 그런 한계를 부동산 법인이 많은 부분에서 덜어줬다. 특히 단기 수익에 대한 개인과 법인의 양도세율 차이는 상승장에서 수익의 폭을 크게 벌렸다. 2021년 6월 1일 이후 단기 수익에 대해 개인은 70%의 양도세를 내야 했다.

그래서 급등장에 많은 개인투자자들이 법인 투자로 넘어가게 되었다. 당시 법인의 부동산 양도 시 세금은 과세표준 2억 원 이하일 경우 10% 법인세에 주택 매도 시 10%를 추가 과세했다. 2021년 이후 추가 과세가 20%로 올랐지만 단기 차익에 대한 세금은 개인보다 법인이 유리했다. 하지만 이후 정부가 집값 급등의 이유를 법인 및 다주택자의 투기를 원인으로 보고 법인 투자자들한테 좀 더 징벌적으로 과세했고, 그에 따라 나도 취·등록세와 종부세를 납부해야 했다. 그 과정에서 든 생각은 투자에서 세금을 이길 장사는 없다는 것이다. 세금 중과 정책은 비껴가는 게 맞았다. 지금은 주택 투자에서 법인 명의가 이로울 게 없다. 수익형 상품인 업무용 오피스텔 등의 월세 수입을 위한 투자나 주택 외 상품인 상가, 토지 등의 시세 차익형 투자는 법인 명의로 하는 것이 유리하겠지만 주택에 있어서는 세금을 이길 수 없다. 시세 차익형과 수익형의 목적을 분명히 하고 세금 계산을 세심히 따져본 후 투자를 시작해야 한다.

이번 하락장을 견딘 투자자들과 이야기해보면, 결국 똑똑한 1채를 끝까지 지키며 비과세 혜택을 받은 사람들이 부러웠다고 한다. 그들의 수익이 더 컸고 심적으로도 편안했다. 서울 강동구의 신축을 분양받아서 입주한 친구는 다른 투자를 일절 하지 않는다. 부부가 맞벌이를 하며 실거주하는 집 1채뿐이다. 친구의 집값은 2024년 7월 기준 2021년의 전고점을 넘어섰다. 더 오르고 있다. 속도도 가파르다. 내가 돈을 벌겠다고 바빴던 3년여의 시간 동안 그는 평안했고, 2019년 입주 후의 수익은 내가 2019년 이후 벌고 까먹기를 바쁘게 했던 것과 비교할 수가 없다. 게다가 그 수익에 대한 세금은 양도가액 12억 원까지는 비과세다. 12억 원 초과분에 대한 세금은 내가 세금과 이자 등으로 까먹은 금액보다 훨씬 작다. 결국 여러 곳에 손을 대지 않고, 똑똑한 1채를 잘 지킨 친구가 이번 상승장과 하락장을 지나고 나서 승자가 되었다. 2019년 입주할 때 10~11억 원 하던 친구의 집은 현재 21억을 넘어서고 있다. 아무것도 하지 않고 똘똘한 실거주 집 1채만 지킨 것이 큰 힘이 되었다.

다시 상승장이 찾아온다면 법인과 개인 명의로 매수해놓은 주택들을 차근차근 정리할 것이다. 그리고 최대한 상급지에 있는 주택을 개인 명의로 매수할 생각이다. 정부의 세금 정책에 어긋나는 투자는 하지 않을 것이다. 심리적 안정을 위해서도 말이다.

단, 법인 명의를 이용해서 수익형 상품의 월세 수익이나 수익형 사업으로 현금 파이프를 만들 것이다. 그리고 상가와 토지 등 경매 낙찰과 매도로 얻는 시세 차익을 위한 투자도 할 것이다. 이 물건들은 세금 면에서 주택 같은 징벌적 중과를 받지 않기 때문이다. 정부는 시장을 이길 수 없다는 말이 있다. 하지만 정부는 적어도 징벌적 세금 정책으로 투자자를 파산하게 만들 수는 있다. 정부의 세금 중과 정책을 이기려고 하지 마라.

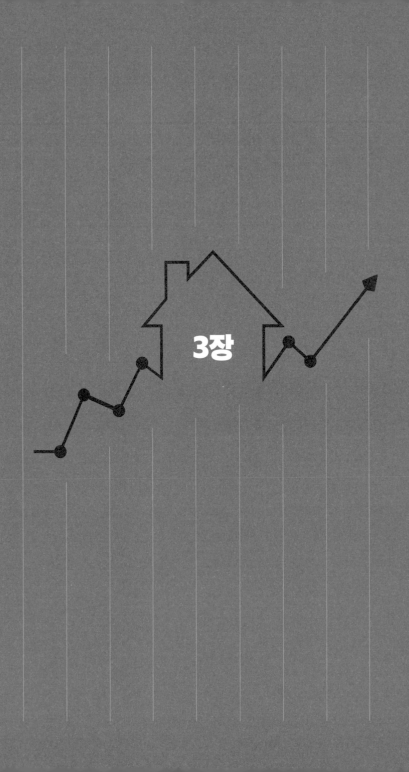

3장

예상치 못한 하락장에서
살아남는 법

# 무주택자와 다주택자가
# 하락장을 보내는 방법

•

때를 놓치지 마라! 이 말은 인간에게 주어진 영원한 교훈이다.
그러나 인간은 이것을 그리 대단치 않게 여기기 때문에 좋은 기회가 와도
그것을 잡을 줄은 모르고 때가 오지 않는다고 불평만 한다.
하지만 때는 누구에게나 오는 것이다.
| 데일 카네기 |

부동산 투자는 타이밍이 중요하다. 하락장은 무주택자에게
는 기회가 되고, 다주택자에게는 위기다. 이 시기에 얼마큼
집중하는지에 따라 자산 규모에 격차가 생긴다. 또한 내가
가진 집에 담기는 표정과 그 집을 향한 발걸음의 느낌이 달
라진다. 만기가 돌아오는 집의 동호수를 들으면서 내 표정이
달라지듯이 말이다. 어떤 집은 전세가가 내려가서 메꿔 넣어
야 할 돈 걱정으로 한숨 짓게 하는가 하면, 어떤 집은 매도할

때 넉넉한 수익을 얻게 해주어 기분을 좋게 한다. 모든 집이 나를 웃게 하지는 않는다. 특히 이 하락장을 보내면서 그 간극은 더 커졌다.

하락장은 무주택자에게 실거주할 집을 구매할 기회를 제공한다. 내 집은 내가 살 집이기도 하지만 경제 위기 때 담보 대출로 해결책을 마련해주고, 하고자 하는 일을 실행할 수 있도록 현금을 만들어준다. 따라서 내 집은 자금이 준비되는 대로 마련해야 한다. 단, 어떤 지역의 어떤 상품을 사야 하는지에 대한 고민과 공부는 필요하다. 가지고 있는 자금으로 최선의 상품을 매수하라고들 말한다. 이때 많은 사람이 최선의 집을 찾다가 상대적 박탈감이 생기면서 내 집 마련을 포기한다. 굳이 이런 낡은 집을 사야 하나 싶다. 많은 이들이 선호하는 신축 아파트를 분양받고 싶지만 당첨도 안 되고 계약금도 부족하다. 돈을 보태주는 부모를 가진 주변인들이 부러울 따름이다.

동시에 남들이 집을 사서 수익을 봤던 상승장에 올라타지 못한 아쉬움이 밀려온다. 그 아쉬움을 풀고자 집을 산다. 대출을 받아서 조금 더 좋은, 조금 더 비싼 것을 사고 상승장을 기다린다. 하지만 대출 금리가 아직은 높다. 높은 금리에 부담스러운 대출 이자로 허덕이는 생활을 한다. 그렇더라도 버틸 만하다. 내 집이니까.

**무주택자라면** 하락장에 실거주할 집을 사라고 권하고 싶다. 안전마진을 확보할 수 있기 때문이다. 내가 살고 있는 집이어서 올라도, 내려도 크게 불안할 게 없다. 내가 2017년 수원 영통의 역전세가 도래하기 전에 2016년에 매수해서 실거주하다 임대 등록했던 집들도 꼭지에 샀구나 싶었지만 이후 계속 가격이 올라갔다. 그리고 2022년부터 크게 하락했던 집값은 2024년 상반기를 지나면서 복구되고 있다. 매수하면서 불안해할 필요가 없는 것이 실거주를 위한 집이다.

**1주택자라면** 하락장은 갈아타기 좋은 시기다. 갈아타는 방법으로는 내 집을 팔고 이사 갈 집을 사는 것과 내 집을 담보로 대출을 받거나 여윳돈으로 갈아탈 집을 전세를 안고 사 놓는 것이다. 첫 번째 방법으로 갈아타기 위해서는 내 집을 팔아야 하는데 잘 팔리지 않을 수 있다. 집값도 내려갔다. 내 집이 팔려야 갈아타고 싶은 집을 계약하는데 하락장이라 거래가 뜸하다. 이럴 때는 어쩔 수 없다. 내 집도 싸게 팔고, 살 집도 싸게 사는 거다. 상승장엔 새로 거래되는 가격이 신고 가가 되지만 하락장엔 급매 가격이 된다. 갈아탈 집을 급매로 사는 대신 내 집도 싸게 팔아라. 대신 상승장이 왔을 때 보상받을 수 있다.

하락장에서는 두 번째 방법이 좀 더 수월하다. 집값은 내려가고, 전세가는 올라가면서 매매가와 전세가의 갭이 작아진다. 매수 수요가 전세로 이동하면서 전세가격이 올라간다. 그래서 첫 번째 집의 담보 대출금이나 여윳돈으로 이사 갈 집을 전세를 안고 산다면 부담을 줄일 수 있다. 예를 들어 2023년에 2024년 임차가 만기되는 집을 매수했다면 실거주로 집을 옮기는 데 큰돈이 들어가지 않을 수 있다. 살고 있던 집을 하락장이었던 2023년보다 높은 가격으로 팔 수도 있다. 매

그래도 부동산

도한 돈으로 임차인을 전출시킨 다음 이사하면 된다. 집값이 올라서 기분도 좋다.

갈아타기만 잘해도 자산을 수월하게 불릴 수 있다. 비과세를 활용한 갈아타기는 안전하면서도 가장 보수적으로 자산을 늘리는 확실한 방법이다. 자산가를 꿈꾼다면 실거주 집 외에 또 다른 집 1채를 더 활용하는 방법을 익혀야 한다. 실거주 집을 매수하든 실거주 집을 갈아타든 하락장에서의 첫 번째는 내 집 마련이다. 경제적 자유를 얻어보겠다고 내 집 없이 투자부터 하면서 주택 수를 늘리다 보면 허무한 욕심에 그칠 확률이 높다. 하락장에서 내 집을 마련하는 것은 자산을 늘리는 좋은 방법이다.

집은 보유 비용이 많이 든다. 그 비용으로 인해 하락장일 때 힘들어하는 다주택자들이 많다. 심지어 상승장에서 집 몇 채 팔아 보니 연봉 이상을 버는 것 같아 직장을 그만둔 다주택자들도 꽤 있는데, 그들에게 하락장은 더 힘들 수 있다. 설사 직장을 그만두지 않았더라도 월급은 제자리인데 세율과 금리, 물가가 크게 올라서 집을 가지고 있는 것 자체가 부담이다. 세금은 물론이고, 높은 이자를 감당하지 못한 사람들의 집이 경매로 나왔다. 집에 대한 비용이 커지는 동안 수입은 그대로이거나 줄어든 상황이라 버티기가 힘들다.

**다주택자에게** 하락장은 힘들다. 역전세로 전세 보증금을 내줘야 하고, 대출 이자와 세금 압박에 시달린다. 그래서 투자할 때는 최악의 경우에 대비해 현금을 미리 마련해놓아야 한다. 다주택자에게 하락장은 버티는 시기다. 버티는 방법은 현금이다. 수입을 늘리는 방법과 지출을 줄이는 방법 등 본인의 경제 상황을 잘 다룰 줄 알아야 한다. 수입을 늘리는 데 한계가 있다면 지출을 줄이는 방법을 고민해야 한다. 가진 자산을 줄이는 것도 방법이다. 대출을 받아 매수한 자산 중에서 지킬 것과 정리할 것을 분류하여 정리할 것은 과감히 정리해야 한다. 다주택자에게 하락장은 고난의 시기다. 견디는 시기다.

견디기 힘들다면 팔아야 한다. 팔아서 현금을 확보해야 한다. 물론 하락장이어서 매도하기 힘들다. 그렇더라도 매도하려고 노력해야 한다. 다주택자는 어찌 되었든 투자자의 입장이다. 시세 차익이 목적이다. 이익을 실현할 정도면 고맙다. 이익이 없더라도 현금을 더 끌어와야 하는 정도만 아니어도 다행이다. 손해를 보거나 역전세를 위해 현금을 마련해야 하는 처지라면 걱정이다. 그런 집이라면 더더욱 팔아야 한다. 이젠 양보다 질이다. 좋은 걸 가져야 한다. 다주택자는 계속 팔면서 수익과 현금을 내주는 좋은 물건에 집중해야 한다. 등기 개수에 취해서 주택 수에 집중하는 대신 좋은 것만 남겨야 한다. 줄여야 한다. 똑똑한 것들로 말이다.

2017년 역전세를 맛본 경험 때문에 그 후부터는 여윳돈 5~6억 원을 통장에 넣어두었다. 하지만 그 여윳돈의 범위를 넘어서는 주택 수와 높은 세율 정책으로 그 돈은 어느 순간 통장에서 사라졌다.


매수와 매도의 타이밍은 아파트뿐 아니라 토지와 상가 등 모든 부동산 상품을 투자할 때 가장 중요한 요소다. 언제 사고파느냐에 따라 수익 규모가 달라진다. 수천만 원부터 수십억 원에 이르기까지 타이밍에 따른 차이가 크다. 손해를 볼 수도 있고, 수익을 볼 수도 있다. 하락장에 어쩔 수 없이 판 물건들을 2021년 최고 급등장에서 매도했다면 수억 원씩을 더 받고 매도할 수 있었다. 그런데도 하락장의 위기를 해결하기 위해 이 타이밍에 매도해야 했다. 다시 오른 가격들을 보면서 속이 쓰린 건 어쩔 수 없다. 알면서도 선택해야 하는 투자의 위기 상황이다. 다주택자들에게 위기인 하락장이 무주택자들에겐 기회의 타이밍이다.

무주택자는 하락장에 꼭 주택을 매수해야 한다. 전고점 대비 30~40% 떨어진 지점의 매물이 있다면 망설이지 마라. 집값이 좀 더 떨어진다고 해도 고점 대비 30~40%선, 많게는 50%선에서 멈추고 다시 반등하는 게 일반적 추세다. 따라서 그 지점에 매수하고 회복될 시기를 기다리면 어느 순간 전고점을 다시 넘어서는 시기가 온다. 아파트 하락의 역사를 돌이켜보면 하락 기간은 최저 7개월부터 최고 5년으로, 평균 3년이다. 1차 하락은 1990년 1기 신도시 공급으로 인해 5년간 하락 후 반등했다. 2차 하락은 1998년 외환위기로 하락 후 1년 만에 회복했다. 3차는 2008년 리먼 브라더스 사태로 7개월간 하락 후 바로 반등했다. 2010년 2기 신도시 공급으로 인해 4년간 하락했다. 그리고 금리 급등으로 2022년부터 하락했다. 2024년 들어 2022년부터 이어진 하락 시기를 벗어나 집값이 전고점을 돌파하고 있다. 집을 사려는 이들에게 하락장이 기회를 주는 시기는 길지 않다.

# 멀리 보지 마라

●

멀리 보는 것은 잘못이다.
운명의 사슬은 한 번에 한 고리씩만 다룰 수 있다.
| 윈스턴 처칠 |

강원도에 '영월'이란 곳이 있다. 강과 숲이 잘 어우러진 영월의 이곳저곳을 걷다 보면 마음이 편안해진다. 영월의 지명은 '편안할 영(寧)', '넘을 월(越)', 편안하게 고개를 넘으라는 의미가 담겼다. 이번 하락장을 살아내면서 '영월'이란 말을 여러 번 되뇌었다. 인생이 그렇더라. 매년이 고개이고, 매 건이 고개이고, 매 사람이 고개더라. 그 고개 하나하나를 넘어가는 것이 삶이었다. 특히 하락장에 닥쳐왔던 역전세, 세금, 이자

그래도 부동산

라는 위기는 넘어서기 힘든 고개였다. 영월을 꿈꿨지만 지난 3년은 결코 편안하지 못했다.

대학교 3학년인 딸아이는 2학기에 휴학할 생각이라고 했다. 휴학 계획을 물으니 이미 휴학한 친구 이야기를 했다. 친구가 카페에서 휴학 기간에 무엇을 할지 고민하다가 막막해서 울음을 터뜨렸다는 것이다. 이제 겨우 22세. 뭘 해야 할지, 뭘 준비해야 할지 모르는 게 당연한 나이다. 이보다 조금 더 나이가 많은 26세의 조카는 대학을 졸업했다. 취준생이다. 이 조카 또한 앞이 안 보인다고 했다. 취업을 위해 영어 점수가 필요하니까 일단 영어 공부를 하고 있다고 했다. 뭐든 하긴 해야겠는데 뭘 해야 할지 잘 모르겠다고 털어놓는다. 20대의 답답함이다.

어른이라고 다르지 않다. 30대를 넘어 40대, 50대가 되어도 미래가 걱정이다. 아니, 당장의 생계를 고민한다. 뭘 해서 돈을 벌어야 할까 하는 걱정으로 마음이 고달프다. 2022년부터의 하락장에서 이런 막연하고 아픈 마음이 극에 달했다. 늘

'어떻게'를 고민하면서 돈을 마련했다. 역전세 보증금을 만들어서 넘기고 나면 다시 납부해야 할 세금이 돌아왔고, 세금을 어찌어찌 넘기고 나면 불어난 이자가 눈앞에 있었다. 아침에 눈을 뜨기가 싫었다. 그것들을 잊고 싶었다. 숲이 숨이 될까 싶어 숲을 걸었고, 바다가 숨이 될까 싶어 바다를 봤다. 어디가 숨구멍일지 헤매며 부동산 하락장을 지나고 있었다.

2023년 5월에 임차인이 전출하는 물건이 있었다. 우선 대출을 받아서 내보내고 매도를 해야지 했다. 하지만 매매가가 내려오니 전세가도 내려왔다. 대출을 받아도 보증금을 마련하지 못했다. 어떻게든 매도를 하자고 마음먹었다. 손해를 보더라도 어쩌겠는가? 당장 들어갈 현금을 마련할 수가 없으니 말이다. 여전히 하락장이었다. 거래가 되지 않았다. 저렴한 가격 덕분에 실거주를 원하는 여러 사람이 집을 보러 왔다. 하지만 DSR(Debt Service Ratio, 총부채원리금상환비율) 대출 규제에 걸려 못 사거나 안 사거나 했다. 결국 전세금반환대출을 받아서 보증금을 반환해줬다. 이자만 3개월을 내다가 전세 시세를 다시 확인했다. 전세가격이 이전보다 많이 올랐다. 다시 세입자를 들였다. 그리고 전세가와 매매가의 차이를 줄여 매도에 나섰다. 지방의 84㎡ 아파트였다. 구축이지만 학군 중심지에 있었다. 1,500만 원의 갭으로 매수할 수 있었기에 매수인이 바로 나타났다. 이 거래는 당연히 나에게 손해다. 하지만 욕심을 부리고 시간을 기다릴 여유가 없다. 이 한 건을 해결하고 나면 다음 건을 해결해야 한다. 지금은 하락장의 스무고개 아니, 일흔고개 넘기다. 일단 한 고개만 넘어가자 했다.

다음은 2023년 12월이 만기인 세입자가 7월 입주 시기에 맞춰서 보증금을 빼달라고 했다. 그 연락을 연초에 받았고 기간이 넉넉해서 여유 있게 새로운 세입자를 구할 수 있을 줄 알았다. 아니, 그사이에 매도가 되겠지 했다. 하지만 하락장에서 매수자들은 움직이지 않았다. 집값이 내려갈 거란 전망이 우세했고, 그 근거가 되는 기준금리가 여전히 높았다. 금리 하락이 확실시되어야 사람들은 움직인다. 불확실한 뉴스에는 반응하지 않았다. 금리가 내려와야 사람들이 대출을 받아서 부동산을 산다. 사는 사람이 많아야 부동산 가격이 상승하는데 사람들이 움직이지 않으니 집값은 여전히 침체였다. 매수자들의 불안이 가시지 않았다. 그만큼 집을 가진 사람들의 불안도 컸다. 집값이 상승세로 돌아서야 매도해서 역전세를 막든 세금을 막든 할 수 있는데 그럴 수가 없었다. 점점 더 초조해졌다. 결국 이 물건도 새로운 세입자를 구한 다음 전세가를 높여 매매가와 차이를 작게 줄였다. 매수자가 나타났다. 수도권의 학군지 국민평형(84㎡) 대장 단지 아파트를 1억 5,000만 원의 갭으로 매수해갔다. 임대 등록을 해놓았던 매물이었다. 한 번만 더 임대를 돌리면 임대사업자의 주택 임대 의무 기간을 채우면서 양도세 50%를 공제받을 수 있었다. 이 집을 매수할 때의 마음은 이전에 소액으로 소형 아파트를 살 때와는 달랐다. 매매가와 전세가격의 차이가 큰 넓은 평형의 부동산을 샀다는 점에서 스스로 뿌듯함을 느꼈다. 절대 매도하지 않고 장기적으로 지켜보려던 물건이었지만 팔아야 했다. 하락장에서는 지킬 물건과 팔 물건이 따로 있지 않았다. 팔린다면 무엇이든 팔아서 나머지를 지켜야 했다. 또 한 고비를 넘겼다.

다음은 상가 잔금이었나? 숨이 가쁘다. 몇억 원씩 하는 돈들을 어떻게 마련해내는지 스스로도 놀라울 지경이다. 분양받은 상가 잔금을 구해야 하는데 어떻게 마련해야 할지 몰랐다. 이 와중에 웬 상가를 분양받았냐고 핀잔을 들을 만했다. 그런데 어쩌랴? 이미 엎질러진 물인걸. 온 정신이 상가 잔금 납부에 가 있었다. 알고 있는 모든 대출상담사에게 전화를 돌렸다. 20여 명의 대출상담사와 통화하고, 신용 조회를 하면서 결과를 기다렸다. 은행마다 대출 가능액이 달랐다. 금리는 둘째치고 대출 가능 금액이 가장 큰 은행에 가서 서명했다. 모아놓은 금을 팔고 작게나마 투자하고 있던 주식도 모두 팔았다. 삼성 이건희 회장이 바꿀 수 있는 건 마누라와 자식 빼고 다 바꾸라고 했던가? 난 팔 수 있는 건 다 팔았다. 깰 수 있는 건 다 깼다. 적금, 펀드, 보험까지. 결국 상가의 소유권 등기를 마쳤다. 부동산 중개소로 쓰려고 분양을 받았던 터라 인테리어를 해야 했다. 이 비용도 만만치가 않았다. 들어오는 돈은 없고 나가기만 했다. 언제쯤 통장에 돈이 들어올까? 한숨과 눈물이 났다. 그 와중에도 신기한 건 끝나지 않는 일은 없다는 것이다. 모두 지나간다. 지금 힘든 것도 언젠가는 모두 지나가겠지.

"버텨라, 버틸 방법을 찾아라. 살아내는 사람이 이기는 거다, 살아내라."

이보다 비장한 말이 있을까? 2023년을 시작하면서 지인이 내게 한 말이다. 10여 년 동안 중개와 투자를 하면서 배운 한 가지는 '어떻게든 해결은 된다'이다. 투자자들, 다주택자들은 역전세와 세금과 이자로 힘들었다. 투자하지 않았다면 겪지 않을 고통이었다. 자책했다. 2022년 하반기부터는 고비가 두 달에 한 번 혹은 매달 혹은 한 달에 두세 개가 겹쳐서 오기도 했다. 그래도 그 일들을 모두 해결했다. 해결법이라고 특별한 건 없었다. 지금 당장 해결해야 할 건에만 집중했다. 대출을 받을지 말지, 월세로 놓을지 공실로 매도할지 전세로 놓을지, 전세로 놓으면 역전세 비용은 어떻게 마련할지…. 내가 할 수 있는 패를 다 돌려보고 고민했다. 매번 전·월세 시세를 확인하고, 매도된 실거래가를 확인하고, 다시 그 지역, 그 단지 부동산에 전화해서 분위기를 물었다. 통장 속 돈의 흐름을 매번 확인하다 보니, 예상치 못했던 방법들이 떠올랐다. 물론 그 방법들이 모두 만족스러웠던 건 아니다. 다만, 지금 당장 눈앞에 닥친 문제를 쳐내고 넘어갈 수 있게 해주었다. 방법이 무엇이건 일단 살아남는 게 중요했다. 그러다 보니 지켰으면 하는 물건을 매도하기도 하고, 던져버리고 싶은 물건을 다시 껴안기도 했다. 누군가 말했듯이, 아무것도 없던 내가 이렇게 살아 있다는 건 그야말로 기적이었다.

"벌써 올해의 12분의 1이 지났어요."

막막했던 2023년의 1월이 지났을 때 멘토가 나에게 말했다. 살아내다 보면 시간은 가고, 문제도 지나가 있다. 멀리 보지 않았다. 당장 눈앞에 있는 그 문제에 집중했다. 그 문제의 핵심을 찾았다. 힘든 건 늘 한 번에 몰려온다고들 말한다. 맞다. 여러 문제가 한꺼번에 몰려온다. 어쩔 수 없다. 순서를 정해라. 저 멀리 있는 것, 아니 바로 다음 것도 미리 끌어오지 마라. 한 번에 하나만 해결하기에도 버겁다. 여러 개를 해결하느라 애쓰다 보면 해결책이 꼬인다. 가장 가까이에 있는 문제만 봐라. 멀리 보지 마라. 앞에 있는 문제에만 집중해라. 내가 가진 패를 다 펼쳐놓고 봐라. 많은 걸 보고 고민하지 마라. 지금 가장 시급한 게 무엇인지, 그것만 봐라. 다시 말하지만 해결되지 않는 건 없다. 끝나지 않는 일은 없다. 동굴로 들어가는 것이 아니라 터널을 지나고 있는 중이다. 생뚱맞은 운이 다가오기도 하면서 터널 끝의 빛을 보게 된다. 멀리 보고, 많이 보면서 지레 두려워하지 마라.

그래도 부동산

**TIP**

## LTV와 DSR

**LTV는** 'Loan To Value Ratio'의 약자로 주택가격 대비 대출 비율을 말한다. 즉 집을 담보로 대출을 받을 때 집의 자산가치에 따라 대출금액이 달라진다. 예를 들어 아파트 감정가격이 1억 원이고 담보인정비율이 70%이면 금융기관으로부터 7천만 원의 주택담보대출을 받을 수 있다.

**DSR은** 'Debt Service Ratio'의 약자로 차주의 상환 능력 대비 원리금 상환 부담을 나타내는 지표다. 마이너스통장, 신용대출, 전세자금대출 등 차주가 보유한 모든 대출의 연간 원리금 상환액을 연 소득으로 나누어 산출한다. 이를 통해 차주의 재정 상태를 진단할 수 있다.

# 짊어지고 갈 금을
# 선별해라

·

어떤 문제가 일어났을 때, 그것을 어려움이 아닌 기회로 바라보라.

| 조지 버나드 쇼 |


우리는 의사결정을 할 때 더 나은 결정을 위한 나름의 기준을 세운다. 난 그것이 '책임'이었다. '내가 내린 이 결정으로 일어나는 일을 책임질 수 있을까?' 하는 생각의 바퀴를 돌려본다. 세세한 계획 속의 더 작은 문제까지 생각해보지는 않지만 최악의 경우 어떤 상황이 일어날지를 머릿속으로 그려본다. 최악의 상황이 선명하게 그려지면 결정하려고 한다. 해보지 않았지만 시도해볼 만한 일이라면 주저하지 않고 해

그래도 부동산

본다. 미래를 미리 알 수 없는 한 완벽한 성공을 기대할 수는 없지 않은가? 부동산 투자를 할 때도 마찬가지다.

'난 왜 지금 이 시련을 겪고 있을까?'

집을 사면서 입지 분석이나 입주량, 거래량 등 여러 흐름의 데이터를 보고, 매수 비용을 계산한다. 매수한 후 어떻게 관리할 것인지를 단기적으로 2년, 더 길게는 4년 뒤의 상황을 그려본다. 전세가나 매매가가 오르면 다행이지만 그 숫자들이 내려온다면 어떻게 대처할 것인지도 고민해본다. 그런 상황에서 필요한 돈은 대략 얼마일지 계산해본다. 대출을 받아야 하거나 역전세 상황일 때는 준비해야 할 돈이 얼마인지 계산을 다 해본 뒤에야 계약금을 넣었다. 그렇게 신중하게 몇 번의 시뮬레이션을 돌렸음에도 이번 하락장에서의 시련은 피하지 못했다.

큰 그림과 계산으로 여윳돈을 준비하면서 부동산을 샀지만, 예상을 벗어난 문제들이 일어날 수 있다. 앞에서도 말했지만 부동산 시장에는 살아 있는 데이터들이 여럿 있고, 그 데이터들을 움직이는 변수가 많다. 이번 위기는 정책에서 비롯되었다. 기본 공제 없이 단일세율로 부과된 법인 종부세는 수십 년 경력의 투자자들도 적절히 대처하기 힘들어했다. 한 번에 몇억 원씩 부과되는 세금에 여윳돈은 순식간에 소진되었다. 만기가 돌아오는 임차인들에 대한 책임감에다 세금을 내야 한다는 입박감까지 쓰나미처럼 몰려와 불안을 부추겼다. 통장 잔고가 마를수록 속이 타들어갔다.

어쩔 수 없이 가지고 있는 주택을 팔아야 했다. 10여 년의 투자 경험을 통해 알고 있다. 위기를 넘기고 나면 내가 가진 자산의 가치는 하나같이 커져 있을 것이다. 그 크기가 문제일 뿐 시간이 지나면 수익을 얻을 것이다. 그러나 하락장에서 수익의 규모를 줄이거나 손해를 보면서 팔고 있다. 하락장이 길어질수록 현금이 메말라서 어떤 것이라도 팔아서 닥친 문제들을 해결해야 했다. 모두를 지킬 수는 없었다. 매도하는 상황을 아쉬워하자 다른 다주택자 지인이 한마디 했다.

"오아시스가 눈앞에 있지만 팔, 다리, 어깨, 허리에 묶어놓은 금들이 무거워서 사막에 쓰러지면 어떻게 되겠습니까? 오아시스에 도착하기 전에 사막에서 죽어요. 금을 버리고 몸을 가볍게 해서 우선은 오아시스에 가야 합니다. 살아내고 나서 다음을 생각하면 더 큰 금을 얻을 방법을 찾을 수 있어요."

그렇다, 내가 가진 모든 짐을 짊어지고 가는 것은 현실적으로 불가능했다. 생존을 위해 자산 선별이 필요했다. 금전적인 측면뿐만이 아니다. 나의 삶을 위해서라도 자산의 양적 규모를 줄여야 했다. 누군가는 자산 총액을 줄이지 말라고 말하고, 누군가는 상급지를 지키고 하급지 물건을 털어내라고 한다. 그러나 위험이 도사린 하락장에서는 현금 확보가 최우선이다. 팔릴 수 있는 물건이라면 무엇이든 처분해 현금화해야 하는 상황이 온다. 나는 모든 짐을 내놓고, 닥치는 대로 팔았다. 개인 명의, 법인 명의, 임대 등록된 것, 토지, 가게 등 팔리는 건 다 팔았다. 집은 짐이 되었다. 세금 부담, 이자, 그리고 세입자의 보증금까지 모두 무거운 짐이었다.

가장 수월하게 팔린 건 고시원이었다. 현금흐름을 위한 수익형 사업 모델로 투자자들 사이에 입소문이 나는 시기에 매도했다. 나중에 매도했다면 권리금을 좀 더 높일 수 있었겠지만, 그 시기에 가장 빨리 현금을 확보할 수 있는 방법이었다. 다음으로 수도권의 아파트를 급매로 처분했다. 물론 그 이전에 금융 자산인 적금을 깼고, 환금성이 좋은 금과 주식도 매도했다. 위기가 깊어지는 상황에서 '이것만은 지켜야 해!' 하는 건 없었다. 살아남는 게 우선이었다. 그러기 위해서 가진 자산의 양을 줄여야 했다. 조금이라도 여유가 있었다면 좋은 것들을 선별하면서 줄였을 텐데 하는 아쉬움이 남는다.

투자를 시작하면서 사람들은 계획한다. 얼마간 보유하고, 어느 시기에 매도할지 혹은 어느 정도의 보증금과 월세를 받고, 얼마나 가격을 올릴지 등을 생각한다. 하지만 하락장에서는 세워둔 계획이 무색해진다. 생각과 기준이 얽히고설킨다. 하락장이 닥치면 이미 늦은 것이다.

아파트 투자를 하면서 여러 조건을 따진다. 첫 번째는 입지와 상품이다. 입지 측면에서 주로 경기 남부권에 투자한 나는, 화성 동탄 이남 지역에는 투자하지 않는다는 원칙을 지켜왔다. 하지만 상승장에서 이 기준을 깨고 지방 아파트를 사면서 상황을 악화시켰다. 상승장엔 어떤 상품도 오른다. 다만, 하락장이 되면 지방 아파트의 경우 하락하는 속도가 빠르고 그 폭이 크다. 처음에 세웠던 상급지에 투자한다는 원칙만 지켰더라면, 하락장에서 겪는 어려움이 훨씬 덜했을 것이다.

주택을 매수하는 주 연령층은 30~40대. 이들의 선택 조건은 무조건 신축이다. 신축이 아니더라도 최소한 지하 주차장에 엘리베이터가 연결되어 있어야 한다. 주차장에서 비나 눈을 맞는 걸 극히 싫어한다. 이런 경향을 보여주는 말이 '얼죽신'이다. 얼어 죽어도 신축이란 말이다. 차가 있으니 교통이 조금 불편하더라도 신축을 선택한다. 입지를 선택했다면 최대한 신축, 대단지 상품을 찾아야 한다.

입지와 상품 선택이 끝났다면 언제 사고팔아야 하는지에 대해 고민한다. 매수 시점은 반등의 신호를 보고 들어가도 늦지 않지만, 전고점에서 30% 정도 내려온 지점이라면 좋은 가격에 매수할 수 있는 시점이다. 그 시점에서는 대개 반등을 준비하는 심리들이 보인다. 전세가부터 상승한다. 임차인 보호를 위해 만든 계약갱신청구권은 4년의 임대 기간을 확보해준다. 이 4년은 임대인에게는 집값이 오르는 걸 확인하는 시간이다. 적어도 4년은 기다려야, 천천히 반응하는 중하급지의 부동산도 상승하는 모습을 보여준다. 매도는 각자의 상황에 따라 다르겠지만 상승장에서 꼭대기를 보지 마라. 잃지 않는 투자가 중요하다. 팔 수 있는 시기에 내가 목표한 수익이 보이면, 그 이후의 수익은 다음 사람의 몫이라고 생각해라. 욕심내면 끝이 없다. 평생 가져가야 할 자산이 아니라면 적당한 수익을 취하고 다음 물건으로 갈아타라.

이보다 중요한 건 본인이 가진 자금이다. 종잣돈이 얼마나 되는지에 따라 입지도 달라지고 매수 시점도 달라진다.

그래도 부동산

완벽한 집도 완벽한 때도 없다. 각자의 상황에 맞춰서 살 수 있을 때 살 수 있는 걸 사고 충분한 시간을 가져라. 아무리 완벽해도 실행이 없으면 소용없다. 사야 팔 수 있으니까. 요컨대 상급지, 신축 순으로 내 돈에 맞춰서 사라.

무조건 크고 자산이 많다고 좋은 게 아니다. 모든 것을 갖기에 부동산 시장은 제한이 많다. 하락장을 버텨서 삶의 오아시스에 도달하기 위해서는 자산이 가벼워질 필요가 있다. 힘든 시기에 모든 금을 지킬 수 없다. 짊어지고 갈 금을 선별하되, 양으로 승부를 걸면 안 된다. 살아남을 수 있도록 정리하는 혜안이 필요하다. 반등장까지 짊어지고 갈 금을 선별해라.

# 성공한 투자자들은
# 대출을 관리한다

•

투자는 공부와 경험이 필요하다.

| 존 보글 |

지방 아파트 세입자에게서 연락이 왔다. 재계약을 하고 싶은데 전세가가 많이 내렸다면서 어떻게 하면 좋을지 물었다. 4,000만 원의 감액을 원하는 세입자에게 감액만큼의 이자를 주겠다고 제안했다. 역월세다. 집주인이 세입자한테 이자를 월세 삼아 준다. 이 제안이 받아들여지면 임대인 입장에서 목돈이 안 들어가서 다행이다. 그러나 만기가 돌아올 때마다 세입자들에게 제안해보지만 이를 받아들이는 세입자는

거의 없다. 그런데도 현금 리스크를 줄이기 위해 세입자에게 양해를 구해본다. 다행히 이번 임차인은 응해줬다. 한 고비를 넘겼다. 부동산 투자로 수익을 얻기까지의 과정이 절대쉽지 않다. 지난 10여 년 동안 해온 수많은 중개 경험과 공부가 무색할 만큼 지난한 위기의 시간을 보내고 있다. 이번 하락장을 숨 가쁘게 견뎌내면서 문득 궁금해진다. 경제적 자유를 누리는 이들과 나는 무엇이 달랐을까? 그들은 그 경지까지 어떻게 올라갔을까?

부동산 투자에 성공하는 비결에 관한 글이나 영상은 차고 넘친다. 하나같이 목표를 설정한 뒤 계획하고 실행하라는 일반적인 이야기다. 그러나 현장에 있어 보니 가장 중요한 것은 따로 있었다. 성공한 투자자들은 단단한 현금 파이프를 가지고 있었다. 크기가 크면 큰 대로 작으면 작은 대로 그 파이프를 함부로 버리지 않았다. 지킬 수 있을 때까지, 그게 없어도 안정적으로 생활이 꾸려질 때까지 현금 파이프를 지키며 자산을 온전히 자신의 것으로 만들었다. 그 자산을 매수할 때 받은 대출을 철저히 관리했다. 금리에 따라 오르락내리락하는 이자 부담을 대비하고 있었던 것이다.

식당에서 홀서빙을 하는 60대 A씨는 소형 아파트 3채를 가지고 있다. 본인이 실거주하는 집을 제외한 2채에서 월세를 받고 있다. 1채는 20년 전에 대출과 월세 보증금을 이용해서 산 것이다.

"남들이 볼 땐 보잘것없어도 저한테는 소중한 집입니다."

A씨는 매달 받는 월세로 대출을 갚았다. 월급을 이용해 적금을 들어서 다시 종잣돈을 만들었다. 그리고 대출금과 월세 보증금으로 다시 1채를 매수했다. 집값이 예전보다 많이 올랐지만 개의치 않았다. 본인이 가진 돈으로 살 수 있고, 본인이 관리할 수 있는 곳에 있으면 그만이었다. 다시 월세로 대출을 갚았다. 그렇게 2채의 아파트가 온전히 A씨의 소유가 되는 데 20년이 걸렸다. 1억 원이 채 안 될 때 1채, 1억 중

반일 때 1채씩 샀던 두 아파트는 이제 2억 중반이 되었다. 매도하면 시세 차익도 생긴다. 그럼에도 A씨는 여전히 식당에서 일하고 있다. 성공한 방법을 물었다.

"다른 건 몰라요. 내가 공부를 많이 한 것도 아니고. 그냥 내 앞에 있는 대출을 갚아야 한다는 생각만 했어요."

별스럽고 어려운 재테크를 하지 않았다. 금리, 정책, 입지, 환율, 거시경제 등을 알고 시작하지 않았다. 단순했다. 본인의 현금 파이프인 급여를 놓지 않았고, 꾸준히 대출을 줄여갔다. 대출을 이용해 집을 사서 대출을 갚고, 다시 집을 사고 대출을 갚은 결과, 이제는 2채에서 나오는 월세가 고스란히 통장에 쌓이고 있다. A씨는 나보다 자산 관리에 덜 신경 쓰는 편이다. 더 편안한 상황을 만든 비결은 뭘까? 넓게 알 필요도 없었고, 깊게 알 필요도 없었다. 다만 레버리지로 활용한 대출을 줄여가면서 욕심부리지 않고 단단한 현금 파이프를 끝까지 지켰을 뿐이다.

부동산 투자로 여유 있는 노후 생활을 즐기는 70대 B씨도 있다. 부동산 임대 수익으로 시간의 자유를 누리며 살고 있다. 건물, 토지, 집 등 자산을 대출 없이 지키고 있는 그의 성공담을 들을 때마다, 그 결과에 놀라울 따름이다.

'자산이 얼마야? 몇십억? 몇백억?'

나는 늘 숫자에 관심을 두었다. 그렇게 되기까지의 과정을 이야기할 때는 집중력이 흩어졌다. 숫자를 다시 읊기 바빴다. 어쩌면 그런 결과에 대한 집착과 그에 도달하려는 조바심이 현재 내가 힘든 이유일지도 모른다. 이번 위기를 넘기면서 그들이 성공하기까지의 과정을 다시 생각해봤다. 앞에 든 사례와 마찬가지로 이분도 대출이 없다. 있다 하더라도 그 대출을 감당할 현금 파이프가 있었다. 현금 파이프를 없앴던 시점은 대출을 모두 갚았을 때였다. 무리하게 투자하거나 위험을 감수하지 않았다.

B씨의 현금 파이프는 쌀 가게와 정육 식당이었다. 매일

벌어들이는 장사 매출로 대출금과 이자를 감당했다. 한 주먹 더 주기, 좋은 고기를 더 저렴하게 주는 마케팅 전략으로 장사가 잘됐다. B씨의 현금 파이프는 단단했다. 이렇게 만들어진 현금을 부동산에 재투자했다. 현금을 토지와 건물에 옮기고 매일 대출금을 갚았다. 장사해서 번 돈으로 대출을 갚았더니 20년 만에 매도한 건물의 수익이 온전히 남았다. 종잣돈과 대출을 이용해서 건물을 사고, 건물에서 나오는 월세와 장사 수익으로 대출을 갚아가니 이자에 대한 위험이 줄었다.

흔들리지 않는 편안함은 침대뿐만이 아니라 부동산 투자에도 필요하다. 현금 파이프는 부동산 자산이 시장 흐름에 따라 오르락내리락하더라도 흔들리지 않고 자산을 지킬 수 있게 도와준다. B씨는 30년 만에 서울의 꼬마빌딩을 팔았다. 수익이 컸다. 30년 동안 있었을 많은 위기로부터 자산을 지켜낸 힘은 현금이었다. 하락장에서 위기를 키우는 건 현금 부족이다. 부실한 현금 파이프는 대출 레버리지와 세금, 보증금 등을 리스크로 만들었다. 결국 편안하게 자산을 늘리며 여유로운 노후를 누리는 투자자들은 대출을 잘 관리했다. 대출을 계속해서 늘리기보다 줄여가면서 현금 비중을 높여갔다.

상승장에서 '영끌'했던 투자자들과 상승장 초반에 단기 시세 차익을 얻었던 투자자들은 대출을 더 끌어오거나 직장을 그만두기도 했다. 그로 인해 그들의 현금 파이프는 줄거나 변동이 없는 반면, 매달 고정 지출인 이자는 계속 늘어났다.

나 또한 자산 개수를 늘리는 대신 현금 자산을 늘리고 수입을 늘렸다면 온전한 상급지 자산과 튼실한 현금 파이프를 더 많이 만들지 않았을까? 부동산 투자에 성공한 사람들, 하락장에서 타격이 크지 않았던 사람들은 현금 파이프가 단단했다. 또한 부실을 초래할 수 있는 지출 항목을 줄였다. 대출을 줄였다는 말이다. 그들은 대출이 갖고 있는 지렛대 역할만 보지 않았다. 결국은 독이 될 대출이란 걸 이미 경험한 이들은 대출 관리, 즉 현금 관리를 철저히 했다.

그래도 부동산

# 돈 들어오는 파이프라인을 늘려라

●

부자가 되려면 땅 한 조각이라도 사두어라! 더는 일할 필요가 없다.
가만히 앉아서 담배를 피우거나, 나폴리의 거지나 나병 환자처럼 가만히
누워서 지내든가, 풍선을 타고 하늘로 올라가든가, 구멍을 파고 땅속으로
내려가든가, 10년만 지나면 부자가 될 것이다.

| 헨리 조지 |

"너도나도 억대 연봉 받던 곳이… 인력 칼바람에 술렁." 2024
년 1월 뉴스 제목 중 하나다. 월급쟁이의 수난 시대라고 사회
와 기업을 원망만 할 게 아니라 월급쟁이에서 벗어날 방법을
찾아야 한다. 월급 하나에만 의존하면 구조조정을 당하는 순
간 수입은 0이 된다. 수입원을 늘려야 하는 건 이제 선택이
아닌 필수다. 퇴사를 위해 직장을 다닌다는 현실적인 말을
가슴에 새겨야 한다. 월급을 끝까지 지키되, 월급 이외의 수

입을 어떻게 늘릴지를 늘 염두에 두어야 한다.

대학교 3학년인 둘째 딸은 취업에 별 관심이 없다. 사업을 하겠다며 강의를 들으러 다닌다. 창업 관련 보조사업들을 찾아보며, 창업에 중점을 두고 이런저런 자료를 수집하고 있다. 한 학기 동안 휴학하면서 본격적으로 알아보겠다는 딸에게 무인카페 창업을 권했다. 모아놓은 아르바이트 비용으로 창업이 가능할 듯했다. 나는 딸아이의 창업을 적극적으로 응원한다. 은퇴를 맞이하는 4050 세대가 하는 일은 결국 자기 일이다. 자영업이든 사업이든, 결국 자신의 일을 하게 된다. 그 과정을 미리 당겨서 경험해보겠다는 딸아이의 생각이 틀리지 않아 보였다. 사람은 누구나 언젠가 자기 일을 하게 된다. 미리 작은 부업으로 경험을 쌓는 것도 방법이다.

N잡러라는 말이 흔해졌다. '본캐'나 '부캐'라는 말도 일상어가 되었다. 유튜브로 돈 벌기, 나의 경험과 지식을 파는 전자책 쓰기와 강의하기, 퇴근 후 아르바이트하기 등 직장에서

받는 월급 이외의 수입을 늘리려는 사람이 많아졌다. 월급만으로는 불안하기 때문이다. 사람들은 경제적 자유를 꿈꾸면서 부동산 투자를 한다. 나도 조기 은퇴와 파이어족을 꿈꾸며 부동산 투자에 뛰어들었다. 하지만 하락장에서 현금흐름이 막히거나 터져버렸다.

과거 내가 직장을 다닐 때도 하나의 직업만을 고수하지 않았다. 항상 아르바이트를 병행했다. 건물 청소, 지방 병원 아르바이트 등을 하면서 모자란 아이들의 학원비를 메꾸었다. 평소 생각은 그랬다. 지출을 줄이는 게 아니라 수입을 늘려야 한다고 남편을 설득했다. 몸은 힘들어도 그게 오히려 마음의 부담이 덜했다. 매년 오르는 물가에 지출을 줄이는 데는 한계가 있었다. 시간과 체력에 맞는 아르바이트를 찾았다.

50대 중반의 G씨도 월급으로 감당하기 힘든 시기를 지나고 있다. 대기업 연구원인 그는 연봉도 높고, 서울에 집도 있다. 여기까지는 누구나 부러워하는 모습이다. 40대에 접어들면서 임대 수익을 늘리겠다며 수익형 부동산에 투자했다. 오피스텔, 상가, 지식산업센터, 꼬마빌딩까지 수익형 부동산 투자는 저금리 시기에 대출 이자를 빼고도 월급 이상의 수익을 안겨주었다. G씨는 수익률이 괜찮다고 생각하는 순간 이미 늪에 빠졌다고 말했다. 집을 담보로 대출을 받아서 지식산업센터와 오피스텔 5채를 매수하거나 분양받았다. 금리가 오르자 수익은 바로 적자로 바뀌었다. 현재 G씨는 절대 금액으로는 1,000만 원이 넘는 월세를 받지만 대출 이자는 그 2배에 달한다. 어떻게 하면 결손을 줄이고, 수입원을 늘릴지가 하락장을 견디고 있는 G씨의 고민이다.

부동산 중개업과 투자를 겸하는 동안 나의 주 수입원은 중개 수수료였다. 이 파이프가 고장 날 거라고는 생각해본 적이 없었다. 해가 갈수록 수입은 안정되어갔다. 하지만 이번 하락장에 그 파이프로 흐르는 현금은 거의 없었다. 부동산 거래 자체가 멈췄기 때문이다. 소득을 만들 다른 방법을 찾아야 했다. 매달 들어가는 생활비와 사무실 유지비만 해도 만만치 않왔다. 수익형 사업을 알아봤다. 고시원, 호프집, 무인 아이스크림 가게 등을 차례로 시작하게 된 이유다. 임대 수입인 월세와 더불어 돈 들어오는 파이프 개수가 늘어나면서 소득에 대한 리스크가 줄었다. 기울어진 한쪽을 다른 한쪽이 메꾸어 주었다. 그렇게 버티는 동안 시간이 지나며 전세가율이 높아졌다. 부동산 거래가 살아났고 다시 중개 수입이 안정화되어 갔다. 늘어난 현금 파이프라인으로 하락장을 버틸 수 있었다.

나처럼 소액으로 시작하는 무인사업은 직장인들에게 추가 수익을 창출할 수 있는 통로가 될 수 있다. 일단 시간 제약이 없다. 노동의 강도도 크지 않다. 앉아서 컴퓨터 자판 몇 번 두드리고, 마우스로 클릭 몇 번 하면 물건을 발주할 수 있으며, 아침과 저녁에 잠깐 청소만 해주면 된다. 다만, 우후죽순 생겨난 가게들 사이에서 살아남을 방법을 찾아야 한다. 무인사업은 고시원뿐 아니라 스터디 카페, 연습실, 아이스크림 가게, 마트, 서점, 카페에 이어서 옷 가게까지 영역이 다양해지고 있다. 각자에게 맞는 무인사업을 찾아보면 투자금 대비 꽤 괜찮은 현금 파이프를 만들 수 있다. 나는 임차 보증금

포함 3,000만 원으로 시작한 무인 아이스크림 가게에서 예상을 훨씬 뛰어넘는 월 200만 원의 수입을 올린다. 정말 괜찮은 수익률과 크기다.

현금 파이프를 마련하지 못한 사람들은 파산하거나 투자한 물건을 지키지 못했다. 경제적 자유를 얻기 위해 마련한 자산 때문에 오히려 파산하고 만다. 게다가 급등장은 경제적 자유에 대한 시간적 조급증을 만들었다. 하루라도 빠르게 경제적 자유를 누리고자 투자에 집중하게 만들었다. 조금 더 빨리 수익과 현금 파이프를 키울 목적으로 무리하게 대출을 늘렸다. 대출에 영혼을 끌어모았다. 그 돈으로 투자했다. 하지만 부동산 시세 하락과 금리 상승은 가팔랐다. 그런데도 현금 파이프가 탄탄했던 사람들은 버텼다. 버티고 있었다. 버티면서 부동산을 하나씩 정리해나갔다. 지키고 버틸 힘은 현금에서 나왔고, 그들에게는 현금이 흐르는 여러 개의 파이프가 있었다. 투자에 성공하려면 안정적인 현금 소득을 늘리는 게 먼저였다. 현금 유동성이야말로 버티는 힘이었다.

그래도 부동산

현금 소득을 늘려야 하는 이유에는 대출도 있다. 이자와 세금, 역전세에 모두 현금이 필요한데 이때 현금 유동성을 키울 방법 중 하나가 대출이다. 대출을 원활하게 받으려면 결국 상환 능력을 입증할 수 있는 '소득금액증명원'을 잘 준비하는 것이 중요하다. 신용 대출뿐 아니라 담보 대출도 DSR, 즉 소득에 따라 대출 가능 금액이 결정되기 때문이다. 극한 상황을 잘 버티느냐 버틸 수 없느냐를 결정짓는 것은 대출 능력이다. 나 역시 용케도 이 하락장의 위기를 넘긴 건 중개 수입이 많았던 과거의 소득금액증명원 때문이었다. 대출을 신청해서 안 나오는 경우가 없다시피 했다. 대출을 받았다 다시 갚기를 수도 없이 반복했다. 모두 소득금액증명원에 적힌 숫자의 크기 덕분이었다.

《나는 오늘도 경제적 자유를 꿈꾼다》의 청울림 작가는 투자를 시작하면서 세운 첫 번째 목표가 월세 1,000만 원 만들기였다. 전세 레버리지를 이용한 갭투자로 시작했던 저자는 시세 차익으로 목돈을 만든 후 월세를 받는 상품으로 옮겨

갔다. 이번 하락장을 지나면서 그 시기를 미뤘던 나의 판단이 아쉬웠다. 더 일찍 현금이 만들어지는 수익형 투자와 사업으로 자본을 옮겨놨어야 했다. 수익형 상품과 시세 차익형 상품의 비율을 조정했어야 했다. 또 다른 월수입을 늘렸어야 했다. 부동산과 결이 다른 안정적인 수입이 있었다면 이번 하락장의 고단함은 훨씬 덜했을 것이다.

투자할 때 필요한 현금 확보를 위해 사업 간의 전략적 연결이 중요하다. 성공한 투자자를 보면서 내가 간과했던 부분은 바로 파이프 간의 연결이었다. 한 골목에 브랜드 커피숍, 브랜드 호프집, 그리고 식당을 운영하는 사람이 있었다. 그는 그 골목의 수요 특성을 파악하고, 성공할 가능성이 높은 메뉴와 브랜드를 도입했다. 그래서 한 가게에서 매출이 감소하면 다른 가게에서 매출이 증가하는 식으로, 파이프 간의 연결을 통해 수익을 안정화시켰다. 대기업 역시 이와 유사한 전략을 사용한다는 것을 알게 되었다.

내가 처음 부동산 중개사무소 실장을 맡았을 때 보니 중

그래도 부동산

개업보다 인테리어 사장의 수입이 더 좋아 보였다. 그래서 곧바로 도배 일을 배우기 시작했다. 중개업의 적은 수입을 인테리어 일을 해서 보태면 괜찮겠지 하는 생각 때문이었다. 지금은 중개업에서 줄어든 매출을 다른 수익형 사업들이 보완해주고 있다. 파이프 간의 연결은 서로 상부상조한다. 그만큼 리스크를 줄일 수 있다. 유튜브 채널을 여러 개 운영하는 사람은 인스타그램과 블로그를 연결하면서 수익을 높이기도 하니 파이프 간의 수익을 키우고 지키는 데 중요한 것이 연결이다. 자산 파이프 간의 연결 또한 마찬가지다. 한 물건의 역전세가 5,000만 원이었다. 다른 매물의 전세 보증금을 다행히 5,000만 원으로 증액했다. 워낙 저렴했던 보증금이 시세를 찾아간 것이다. 서로가 연결되어서 한쪽의 구멍을 메꿨다.

급여만 보지 마라. 급여에서 이어지는 다른 현금흐름의 파이프를 준비하고 구축하라. 직장을 다니면서 현금이 안정적으로 들어올 수 있는 돈의 파이프라인을 하나둘 늘려가야 한다. 각자의 파이프는 다를 수 있다. 유튜브, 사업, 인세, 부동산, 주식 등 각자의 성향에 맞는 방법을 찾을 수 있다. 경제적 자유로 가는 과정에서 수시로 부닥치는 위험을 작게 만들기 위해 한 달의 현금 수입을 키워라. 파이프를 늘려라. 파이프 간의 연결을 고민해라. 부자들의 현금 파이프는 하나가 아니다.

---

**TIP**

### 레버리지란?

이 책에서도 다른 투자 관련 책에서도 자주 나오는 단어가 레버리지(leverage)다. 작은 힘으로 무거운 물체를 들어 올리는 장치인 지렛대를 뜻하는데, 투자에서는 자신의 자본금이 적을 때 차입금, 즉 부채를 활용해 투자의 효율을 올리는 것을 말한다. 레버리지 투자는 수익을 빠르게 올릴 수도 있지만 손실이 발생하면 자신의 원금마저 빠르게 녹아내리게 하는 위험이 있다.

그래도 부동산

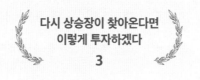
# 대출 및 예비비 관리

2017~2019년 동안 역전세를 넘기며 앞으로는 절대 같은 문제로 고생하지 않겠다고 결심했었다. 이제 더는 집을 늘리기보다 대출을 줄이겠다고 마음먹었다. 대출만 없으면 당시의 수입(부동산 중개 수입과 남편 월급, 월세)은 우리에게 충분한 여유를 주고도 남았다. 하지만 그 결심은 법인 투자라는 새로운 투자법과 2020~2021년 '역대급' 집값 상승률을 보였던 부동산 불장을 맞닥뜨리면서 머릿속에서 사라졌다. 대출을 더 늘렸고, 집도 더 늘렸다. 보유하고 있던 예비비는 자산의 약 10%에 해당하는 5억 원 정도였다. 그 돈이 갑작스러운 종부세 폭탄

으로 부족한 상황이 벌어졌다. 주택 수도 대출도 같이 늘어났다. 현금 5억 원은 게 눈 감추듯 사라졌다.

이제 상승장이 다시 찾아오고 있다. 여러 채의 집을 팔면서 그에 딸린 대출도 함께 정리되었다. 덕분에 마음이 가벼워지고 신용 점수도 상승하고 있다.

부동산 중개소를 찾는 투자자들에게 내가 늘 하는 말이 있다. 집값 20% 정도의 예비비는 현금으로 비축해놓으라고 말이다. 하지만 물가가 지속적으로 오르는 인플레이션 상황에서는 화폐가치가 하락한다면서 사람들은 예비비까지 끌어다 부동산 외에 다른 투자 자산을 사기 바쁘다. 금, 비트코인 혹은 주식 등으로 옮기기도 하고 집을 1채 더 사기도 한다. 그게 어떤 자산이든 문제는 제때 현금화할 수 있느냐다. 내가 현금이 필요한 순간 얼마나 빨리 환금이 되는지가 나의 수익을 달리한다.

난 이제 수익을 만들기 위한 부동산 투자는 덜할 것이다. 환금성이 떨어지는 부동산에 대출을 너무 많이 안고 있는 것 자체가 위험이라는 사실을 톡톡히 깨달았다. 이제 결심한다. 대출도 자산의 30%를 넘지 않을 것이고, 현금도 통장에 자산의 20% 수준으로 유지할 것이다. 위기를 극복하고 성공적인 투자를 이끌어내는 핵심은 결국 현금을 얼마나 보유하고 있느냐에 달려 있기 때문이다.

4장

# 역전세도 하락장도 두렵지 않은 부동산 투자 정석

# 레버리지인지 빚인지
# 구분해라

•

위험에 대비하지 않는 것은 위험을 초래하는 것이다.

| 존 우든 |

부동산 시장이 하락세로 돌아서자 스스로 '셀프 거지'라며 한숨 짓는 사람들이 생겨났다. 갑자기 오른 금리에 이자를 감당하기 힘들어졌기 때문이다. 갭투자자에게 집값이 내려가는 것보다 무서운 것이 전셋값 하락이다. 내줘야 할 보증금 단위가 크다. 가능한 대출은 모두 다 활용했다. 집을 팔아도 대출과 세금을 충당하기 어렵다. 매달 이자가 수입을 넘은 지 오래다. 통장에 돈이 없다. 돈 구할 곳이 없다. 더는 버티

기 힘들다. 파산을 준비해야 하나? 개인회생은 뭐지?

"더는 돈 빌릴 데가 없어요."

2022~2023년의 고비를 잘 넘겨온 지인이 어느 날 찾아와 말했다. 2024년 초 전세가가 오르고 주택 거래량이 늘었다. 집값이 오르고, 상승 흐름이 생겨나고 있다. 하락장의 막바지 구간이다. 지인은 조금만 더 버티면 상황이 나아질 거라는 걸 알지만, 대출 이자를 감당하지 못하면 집이 경매로 넘어가는 것 역시 엄연한 현실이다. 그것이 전부가 아니다. 새 아파트로 이사 가야 하는 세입자도 걱정이다. 막다른 골목에 몰린 이 상황은 어쩌다 벌어진 것일까?

'벼락 거지', '선당후곰', '패닉 바잉', '영끌'.

불과 2~3년 전만 해도 이런 단어들이 여기저기서 보였다. 초저금리와 정부의 코로나 정책자금이 풀리면서 시장에 유동성이 넘쳐났다. 집값이 끝을 모르고 올랐다. 2020년과 2021년 전국 아파트값은 전년 대비 각각 7.57%, 14.10% 뛰었다. 정부는 투기세력이 만든 거품이라며 집을 사고파는 과정뿐 아니라 보유하는 것까지 엄청난 세금 중과 정책을 폈다. 규제하면 할수록 올라가는 집값을 보며 누구나 어떤 집이라도 사려고 했다. 돈을 영혼까지 끌어모아서 1채라도 더 매수하려 했고, 청약 경쟁률이 높아지다 보니 일단 당첨부터 되고 분양대금은 나중에 고민하자는 말이 나왔다. 아파트뿐만 아니라 오피스텔, 지식산업센터까지 뭐라도 사야 한다며 전국으로 뛰어다녔다. 그런 상황에서 집을 사지 않고 있던 사람들은 상대적으로 안정된 생활을 하고 있었지만, 집값이 더 오를까 하는 불안감으로 심리적 박탈감을 겪었다. 소득이나 사는 모습이 비슷했던 옆집이 집을 사면서 자산 크기가 달라졌기 때문이다. 허탈감이 커졌다.

하지만 그 후 상황이 달라졌다. 급하게 오른 금리로 부동산 시장은 내려가고 또 내려가는 침체기를 맞았다. 영혼까지 끌어모은 대출로 집을 샀던 이들은 이제 '영끌 거지'가 되었다. 두세 배 오른 이자를 감당하고 있는데 집값은 내려갔다. 자산은 줄고 빚만 늘었다. 일단 당첨되고 나서 분양대금을 고민하자던 청약시장은 이제 돈이 있어야 청약을 고민할 수 있다는 '선돈후곰'이란 말로 대체되었다. '무이자 레버리지'라는 전세마저도 역전세로 돈을 내줘야 하는 상황으로 바뀌면서 '갭 거지'란 말도 나왔다. 집을 사지 않았다면, 투자하지 않았다면 일어나지 않았을 지금의 상황을 스스로 만들었다는 자칭 '셀프 거지'들이 2022년부터 생겨났다.

레버리지는 지렛대의 힘이다. 지렛대를 이용하면 같은 힘으로 들어 올릴 수 있는 무게가 더 커진다. 투자에서 이 지렛대는 '빌린 돈'이다. 즉 투자에 사용되는 외부 자금을 의미한다. 결국 남에게 빌린 돈을 지렛대처럼 사용해서 더 큰 이익을 창출하는 것이다. 그래서 레버리지를 이용하면 투자 규모가 커질 수 있다. 투자 수익률을 높일 수 있는 만큼 동시에 손실도 커질 수 있다. 다시 말해 레버리지는 대출이 대부분이라 이자의 크기 조절이 중요하다. 자신의 투자 목표와 투자

리스크에 따라 적절한 레버리지 비율을 설정해야 한다. 부동산에서 이용하는 레버리지에는 전세 보증금과 은행 대출, 2가지가 있다.

예를 들어보자. 같은 1억 원을 가지고 있던 J와 C는 각각 1억 원과 5억 원의 집을 매수했다. 1억 원을 가진 C가 어떻게 5억 원짜리 집을 샀을까? 전세 보증금을 이용했다. 80% 전세가율의 아파트를 매수했다. 전세 보증금이란 무이자 레버리지를 이용한 것이다. 2년 뒤 20%의 집값 상승률을 계산했을 때 J는 세전 2,000만 원의 수익을 올린 반면, C는 1억 원의 수익을 올릴 수 있다. 돈 불리기를 두고 흔히 눈덩이에 비유한다. 작은 눈덩이를 굴리는 것과 큰 눈덩이를 굴리는 것은 속도 차이가 크다. 그만큼 큰 자산을 굴렸을 때 수익도 큰 것이다.

하지만 하락장에서는 수익이 아닌, 리스크가 커진다. 지난 2년간의 역전세 시기엔 역으로 큰 리스크를 맞닥뜨렸다. 역전세 크기의 정도가 달랐다. 전세 보증금이 20% 하락했을 때 1억 원의 보증금은 2,000만 원을 막으면 됐지만, 5억 원인 경우 1억 원을 막아야 했다. 숨 막히는 정도가 다르다. 이처럼 레버리지는 제대로 활용하면 득이지만, 자신이 감당할 크기를 벗어나면 그대로 독이 된다.

급등장일 때 투자자들은 레버리지로 전세 보증금과 대출을 모두 이용했다. 대출은 자산의 규모를 늘릴 기회비용이 되었다. 기회비용이 커진 만큼 자산이 늘어났다. 누구는 주택 수를 더 늘렸고, 누구는 건물주가 되겠다며 건물을 신축했다. 누구는 무리해서 실거주 집을 매수했다.

K씨는 상승장의 끄트머리에 집을 분양받아서 하락장에 입주하게 되었다. 상승장에 입주했던 옆 단지는 분양가만큼 대출이 나왔다. 전세가가 분양가만큼 올랐다. 잔금에 대한 걱정이 없었다. 하지만 하락장에 입주한 K씨는 대출 한도뿐 아니라 전세가도 분양받을 때 예상했던 것보다 매우 낮았다. 계약금을 포기하고 입주하지 않는 세대까지 나왔다. 자산을 더 늘려보겠다고 분양받았던 오피스텔이나 지식산업센터의 경우 상황이 더 심각했다. 기회라고 생각했던 자산이 위기로 바뀌었다. 잔금을 해결하고 난 후 대출 이자 부담이 계속 이

어졌다. 2024년 7월 지금도 들려오는 소식은 지식산업센터나 도시형생활주택, 오피스텔 등을 분양받은 사람들이 계약금을 포기하면서까지 분양권을 넘기는 사례가 많다는 것이다. 여러 채를 분양받은 사람은 이 분양권 투자로 10억 원이 넘는 손해를 봤다는 후문이다. 6~7억 원 분양가의 자산 가치를 6,000~7,000만 원이란 계약금의 크기로 봤다간 큰코다친다. 최악의 경우 부동산 가치가 투자자의 대출 잔액을 밑돌아 손실이 발생할 수 있다. 집값이 전세 보증금이나 대출보다 낮아지고, 매도 후 양도세마저 못 낼 수 있다. 하락장에서는 갖고 있어도 위기, 팔아도 위기다. 레버리지가 재정적 어려움을 키우고 막막한 상황을 몰고 왔다.

2020년에 6% 금리의 사업자 대출 3억 원을 전세 보증금보다 후순위로 받았을 때 연간 이자 부담은 1,800만 원이었다. 이를 4년간 냈다면 7,200만 원이다. 이런 이자 부담은 투자 수익을 상계해버리고, 투자 수익률을 낮춘다. 레버리지를 이용하면서 임대 수익이 이자 상환 부담을 덜어주지 못하고 현금흐름이 막힐 수 있다. 이를 극복하기 위해 다른 대출을 알아보지만, 이미 받은 대출금으로 인해 DSR 기준을 넘지 못한다. 레버리지의 완급 조절이 필요한 이유다. 이 물건의 매매 시세 차익은 1억 5,000만 원 정도 될 듯한데 4년 동안 납부한 모든 세금을 제하고 나면 본전이나 될지 의문이다.

"재테크에 성공하는 사람은 대출로 돈을 벌지만, 재테크에 실패하는 사람은 결국 대출만 남는다."

이 말은 부동산 시장의 불확실성으로 레버리지가 장점이 되기도 단점이 되기도 한다는 것을 잘 보여준다. 부동산 투자를 할 때 대출을 무작정 두려워하여 멀리할 필요도 없지만 레버리지로 활용할 때는 신중하게 판단해야 한다. 자신의 재정 상황, 투자 목표, 시장 조건 등을 고려해서 적절한 레버리지 수준을 결정해야 한다. 각자의 그릇에 맞는 레버리지를 이용해야 한다. 급등장에 자산 규모가 커지면서 본인의 그릇도 덩달아 커졌다고 착각했던 이들의 고통이 크다. 투자는

그래도 부동산

돈이고, 돈은 빚이자 이자다. '빚도 능력이고 자산'이란 말을 긍정적 의미로만 받아들이지 마라. 본질은 빚이다. 레버리지인지 빚인지 구분해라. 빠듯하게 투자하지 마라. 적어도 대출 관련 비용이 내 소득의 30%를 넘지 않도록 한계를 정해야 마음 편한 투자를 이어갈 수 있다.

# 전세는 기회이자 위기임을 기억해라

•

무슨 일이 일어나느냐가 아니라 일어난 일을 놓고 어떻게 반응하느냐에
따라 행복해질 수도, 불행해질 수도 있다.

| 앤드류 매튜스 |


2022년에 세입자를 들였던 집들의 전세 만기가 돌아오고 있
다. 2023년 말까지만 해도 전셋값 하락으로 임대인들의 걱
정이 컸다. 임차인들에게 전세금을 돌려줘야 하지만, 새로운
세입자에게 받은 전세금에다 내려간 전세금만큼 더해서 줘
야 하는 상황에서 현금을 마련할 방법이 없었다. 결국 매도
하겠다고 나섰지만 매수자들의 마음은 여전히 불안했다. 금
리가 내려온다는 확신이 없고, 경기 침체로 인해 부동산 가

격이 올라갈지도 불확실했다. 과거 하락장이 이어진 평균 기간은 3년이었다. 역시나 이번에도 2024년 상반기부터 매매가가 반등하기 시작했다. 전세가가 먼저 상승 추세를 긴 시간 유지했다. 금리는 내려왔다. 시장 심리는 매도자 우위로 바뀌어갔다. 역전세로 인해 전세 보증금을 내주지 못한 임대인들의 사고 뉴스가 연일 방송에 나오자 정부는 공시가의 126%로 전세보증보험 상한선을 정함으로써 임대 보증금의 상방을 낮췄다. 보증보험 가입 기준액을 낮추면서 말이다. 임대인 입장에서는 정부가 힘든 시기를 더 조인 셈이었다.

아파트는 KB시세의 90%, 빌라와 오피스텔은 '공시가×126%'의 기준가 안에 근저당권 채권최고액과 보증금이 들어가야 보증보험 가입이 가능하다. 전세사기 뉴스에 보증보험 가입은 이제 필수가 되었다. 하지만 매매가가 내려오면서 공시가격도 덩달아 내려온 빌라와 오피스텔의 전세 보증금은 내려갈 수밖에 없다. 보증금이 내려갔어도 빌라와 오피스텔의 임차인을 구하기는 어려웠다. 진퇴양난의 상황에 놓였다.

빌라와 오피스텔은 역전세 위험이 크다는 생각에 임차인들은 아파트로 몰렸다. 2024년 초, 이런 사정과 함께 입주 물량이 줄어들면서 아파트 전세 보증금이 차차 올라와 전고점의 80%선까지 회복됐다. 역전세 폭이 줄긴 했지만 여전히 역전세다. 한두 채가 아닌 다주택자는 다달이 위기 상황이다.

2019년부터 2021년까지 이어진 지난 상승장에는 매매만 오른 게 아니라 전세 보증금도 급등했다. 유동성이 높은 상황에서 특히 계약갱신청구권과 전월세상한제 등 이른바 '임대차 2법'은 임대인들에게 4년 치 보증금을 미리 올리게 했다. 하지만 당시에 임대 등록한 매물이 대부분이었던 나는 시세 대비 거의 반값으로 거주하는 임차인들이 원망스러웠다. 임대 등록한 매물은 기존 보증금의 5%까지만 올릴 수 있어서 큰 폭으로 올라가는 전세시장에서 그 차익이 아까웠다. 그만큼 나는 전세 보증금의 상승분을 다른 투자의 종잣돈이라고 생각했다. 하지만 지금은 나보다 역전세 폭이 큰 다른 임대인들을 보면서 안도한다. 다른 한편으로는 임대 등록한

그래도 부동산

매물을 자진 말소하면 1년 안에 매도를 해야 한다. 자진 말소 후 전세가가 먼저 오르는 시장에서 매도가 더디면 전세가를 시장 시세로 올린 후 갭투자자들에게 매도했다. 전세 보증금이 낮았던 덕분에 다행히 위기를 넘겼고, 갭투자자들이 들어오는 시기에 맞춰서 매도를 했다. 전세는 나에게 다시 한번 현금을 만들어주었다. 전세 보증금을 레버리지 삼아 적은 돈으로 집을 한두 채 살 수 있었을 때도 전세는 자산을 늘릴 기회를 만들어줬다. 하지만 역전세는 고난이었다.

부동산 가격은 지역, 시장 상황, 경제 상황 등 여러 요인에 따라 변동한다. 그중 전세가율은 부동산 가격을 예측하는 하나의 지표다. 전세는 알다시피 우리나라에만 있는 임대의 특수한 형태다. 임대인에게 일정 금액을 한 번에 지불하고 일정 기간 부동산을 사용한다. 따라서 전세가는 실질적인 부동산 가치를 반영한다. 이는 생활의 편리함과 공급의 적절성을 나타내는 중요한 지표가 된다.

전세가에 영향을 주는 첫 번째 요인은 공급이다. 2017년부터 2년간 동탄2신도시에 입주 물량이 몰렸다. 당시에 수원 영통에 사놓은 집들이 전세 만기가 돌아오면서 역전세를 맞았다. 세입자를 받던 시기인 2015년과 2016년의 영통은 전세가율이 90%를 넘었다. 심한 경우 매매가격과 전세가격 차이가 없거나 심지어 전세 보증금이 매매가격을 넘어서는 경우도 있었다. 갭, 즉 전세가격과 매매가격의 차이인 3,000~5,000만 원 정도면 충분히 아파트 1채를 매수할 수 있었다. 높은 전세가율은 집을 쉽게 매수할 기회를 만들어주었다. 자본금이 적었던 시기에 전세 보증금을 레버리지 삼아서 집을 샀다. 하지만 동탄2신도시에 입주 물량이 쏟아지면서 전세가는 떨어졌고 그렇게 높은 전세 보증금들은 위기로 돌아왔다. 보증금 반환에 대한 대비를 충분히 하지 않고 주택 수를 늘렸던 투자자들은 결국 집을 급매로 처분해야 했다. 이렇듯 전세는 시기에 따라 기회가 되기도, 위기가 되기도 한다.

그래도 부동산

전세가에 영향을 주는 두 번째 요인은 금리다. 코로나로 풀린 방대한 유동성이 인플레이션을 불러오자 긴축정책으로 돌아서 금리가 빅스텝으로 오르기 시작했다. 금리가 오르면서 전세자금대출 금리도 따라 올랐다. 금리가 7%대까지 오른 전세자금대출을 받기보다 월세로 거주하는 것이 거주 비용을 절약하는 방법이었다. 저금리 시기에는 월세로 살던 임차인들이 전세자금대출을 받아서 전세로 옮긴다. 하지만 고금리 시기가 도래하면서 전세로 살던 임차인들은 빠르게 월세로 옮겨 갔다. 수요가 줄면서 전세 매물이 쌓였고 전세 보증금은 내려갔다. 금리가 빠르게 오르는 만큼 전세가가 내려가는 폭은 컸고 속도는 빨랐다. 임대인들은 대혼란에 빠졌다. 전세 보증금 반환 대출까지 막히자 아찔한 위기감에 숨이 멎을 정도였다. 급등기에 집값과 함께 올랐던 전세 보증금은 다른 투자처를 늘리는 기회가 되었지만, 하락장에서는 위험이 되었다.

역전세는 강남 3구로 불리는 똑똑한 곳이라고 해서 예외가 아니었다. 강남 3구에 3채를 가지고 있던 지인은 5억, 5억, 10억의 역전세 금액을 마련하느라 밤잠을 설쳤다. 그 폭이 상당했다. 상승장엔 상승 폭이 컸고 그만큼 하락장엔 하락 폭도 컸다. 필요한 현금의 규모가 달랐다. 리스크는 자산 크기와 비례한다. 똘똘한 1채의 자산 크기는 작은 소액으로 산 아파트 몇십 채 가격이다. 그 1채의 리스크가 어느 정도인지 감이 오는가? 하락장엔 모두 하락한다. 하락 폭은 자산 크기만큼이다. 그 크기에 대비해야 한다. 최악을 대비하며 욕심으로 위기를 키우지 말아야 한다. 상승장에서 욕심을 기회의 레버리지로 만들지 말아야 한다. 자산 크기만큼의 위기와 감당할 수 있는 자신의 돈 그릇 크기부터 따져봐야 한다.

2024년 6월의 전세 시장은 다시 공급 부족이다. 게다가 금리도 내려오고 있다. 대환대출이 용이해지면서 은행 간 경쟁으로 시장 금리는 더 내려올 전망이다. 전세가격이 오르고 있다. '전세가 상승'이 공포 수준이다. 전세가격은 매매가격의 하방을 지지해준다. 그에 따라 매매가격도 상승하고 있다. 전세가격의 상승 속도가 매매가격의 상승 속도보다 빨라지고 있다. 그러다 보니 매매가와 전세가의 갭이 줄어들었다. 다시 갭투자자들이 늘었다. 전세가 기회가 되는 시장이 되었다. 지금 이 기회의 전세가 언제 다시 위기의 전세가 될지는 아무도 모른다. 대비해야 한다. 이후의 공급과 금리 동향을 살펴야겠지만, 궁극적으로 대비책은 현금이 될 것이다. 매매가와 전세가 간의 갭 크기만큼의 현금이 마음 편한 투자를 위한 중요한 대비책이 될 것이다.

"부동산 투자는 시간에 투자하는 것이다."

이런 말이 있다. 사놓고 꾸준히 기다리면 더 큰 수익을 얻을 수 있다는 의미다. 부동산은 시간이 지날수록 가치가 상승하는 자산으로 알려져 있다. 그러니 자신이 동원할 수 있는 방법으로 자산을 사놓으면 된다. 지인은 2006년 부동산 상승기의 꼭지에 은마아파트를 샀는데 매일 망했다며 눈물을 흘렸다고 한다. 하지만 서울 은마아파트는 이후 계속 가격이 올라 지금은 자신이 산 가격의 몇 배를 넘어섰다. 시간은 인플레이션을 만든다. 결국은 자산 가격을 올려놓는다. 그 과정에 감정이 이성을 마비시키는 위기 구간이 오게 마련이다. 내가 샀던 가격보다 집값이 내려가기도 하고, 만기 때마다 오를 거라고 기대했던 전셋값이 내려가기도 한다. 이런 경우, 자산으로 생각했던 집이 오히려 짐이 되는 상황에 자책하게 된다. 견디는 시간이 고되다. 심리적 하락장이 더 힘들다. 이 하락을 잘 버텨내기 위해서는 마음이 쫓기지 않아야 한다. 그러려면 현금 대비가 필수다.

　전세는 이자 없는 레버리지다. 자산을 늘리는 재테크 방법으로 분명히 기회를 만들어준다. 하지만 시간을 두고 투자해야 하는 부동산 특성상 역전세의 위기를 맞지 않으리란 보장이 없다. 현금 대비가 중요한 이유다. 전세는 기회이자 위기다.

　그래도 부동산

### 전세가에 영향을 미치는 요인

1. **부동산의 가치:** 전세금은 해당 부동산의 가치와 시장 가격에 영향을 받는다.

2. **부동산의 위치:** 부동산의 위치는 전세가에 큰 영향을 미친다. 인기 있는 지역이거나 교통 편의성 및 학군이 좋은 지역일수록 전세가가 높다.

3. **시장 상황:** 부동산 시장의 수요와 공급 상황도 전세금에 영향을 준다. 수요는 높은데 공급이 적다면 전세가는 상승한다.

4. **금리:** 금리가 낮으면 전세자금대출 금리가 월세보다 낮아서 거주 비용이 덜 든다. 전세 수요가 늘면서 전세가 상승을 부추긴다.

# 사이클과 흐름을
# 읽어라

•

무언가를 잃을까 걱정하지 마라. 잃는 게 옳다면 잃게 될 것이다.
서두르지 마라. 좋은 것은 그냥 사라져버리지 않으니.

| 존 스타인 벡 |

골이 깊은 하락장을 지나면 진짜 부자가 걸러진다. 상승과 하락이 반복되는 투자 시장은 파도의 연속이다. 그 파도를 얼마큼 잘 견디느냐가 투자의 결과를 다르게 만든다. 하락 장을 버티는 동안 여러 뉴스와 데이터를 보면서 반등 시기를 가늠해본다. 예측할 수 있다면 쫓기지 않는다. 여유를 만든 다. 위기를 어떻게 견딜지에 대한 계획은 쥐어짤 힘을 만든 다. 하락장을 버티기 위해 흐름을 읽어야 하는 이유다.

9개월 동안 공실이었던 아파트 전세가 마침내 나갔다. 역전세로 임차인을 전출시켰을 때의 전세 시세보다 7,000만 원이 올랐다. 입주 물량이 없었다. 전세 매물이 줄고 있었다. 아무래도 깨끗한 전세 매물의 소진 속도가 빨랐다. 전세가는 오를 일만 남았다. 네이버 부동산에서 보이는 전세 매물의 전세가가 야금야금 오르고 있었다. 기다리는 동안 조바심이 났지만 원하는 가격이 될 때까지 지켜보았다. 속도의 차이는 있지만 부동산은 같은 방향으로 움직인다. 상급지의 전세가 상승 추세가 여기까지 흘러올 것이다. 데이터가 있기에 확신하며 기다릴 수 있었다.

30대 초중반의 젊은 친구 3명이 부동산 중개소를 찾아왔다. 수원의 아파트를 전세 레버리지를 이용해 매수하고 싶다고 했다. KB주택시장동향 시계열 통계의 매매 및 전세 상승 순위에 수원 영통구가 뜨니 투자자들의 문의가 늘었다.

"이제 저점은 지났어요. 그 시기는 이미 2022년 말이었습니다. 반등하고 다시 보합 상태로 이어지다 금리가 내려온 다는 소식에 다시 매수세가 돌면서 급매 물건들이 빠지고 있 어요."

2023년 2월, 수원을 매수하고자 하는 이들에게 나는 이렇 게 설명했다. 수원에서 부동산 시장의 흐름을 가장 빨리 보여 주는 곳이 영통구다. 지난 10년간 중개와 투자를 하면서 누 적된 경험과 데이터를 통해 확인한 결과다. 아파트 투자의 흐 름은 아는 만큼 투자금을 효율적으로 사용할 수 있다. 먼저 움직이는 상급지의 흐름을 살펴보면, 다음 차례를 예측할 수 있다. 흐름의 파동은 크기는 다를 수 있지만, 결국 전달된다.

부동산 가격은 강에 돌을 던졌을 때 파동이 중앙에서부 터 끝으로 흐르는 것처럼 중심지에서부터 차례로 흐른다. 강 남에서 분당으로, 분당에서 수지로, 수지에서 영통으로 가격 의 파동은 이어진다. 이 흐름은 KB부동산과 한국부동산원에 서 매주 발표하는 주간 KB시계열 통계표와 주간 아파트 가 격 동향표를 보면서 읽는다. 매주 시계열표를 보면 그 지역 의 색깔이 변해간다. 하락은 파란색(이 책에서는 회색), 상승은

그래도 부동산

빨간색(이 책에서는 보라색)으로 나타낸다. 그 변화 정도에 따라 색의 짙음이 달라진다. 2024년의 색은 점점 푸른색을 지나 노란색이 되었다가 빨간색으로 변했다. 강남 3구에서 시작된 빨간 불기둥 느낌이 퍼지고 있다. 그 색깔과 숫자의 변화가 참 정직하다. 매주 시계열표를 보다 보면 그 흐름이 규칙적이라는 걸 알 수 있다. 계약 후 30일 이내에 실거래가를 신고하는 것이 의무이다 보니 흐름의 정확도가 높아졌다.

■ **KB주간시계열 통계표(매매)**

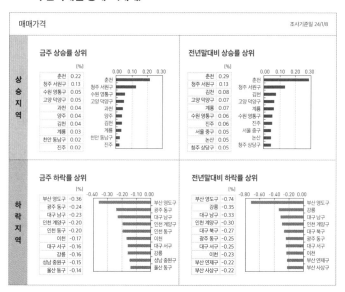

4장. 역전세도 하락장도 두렵지 않은 부동산 투자 정석

207

## ■ KB주간시계열 통계표(전세)

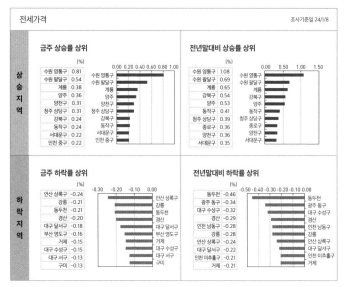

전세가격                                                       조사기준일 24/1/8

**상승지역**

금주 상승률 상위
| | [%] |
|---|---|
| 수원 영통구 | 0.81 |
| 수원 팔달구 | 0.54 |
| 계룡 | 0.38 |
| 양주 | 0.36 |
| 양천구 | 0.31 |
| 청주 상당구 | 0.31 |
| 강북구 | 0.24 |
| 동작구 | 0.24 |
| 서대문구 | 0.22 |
| 인천 중구 | 0.22 |

전년말대비 상승률 상위
| | [%] |
|---|---|
| 수원 영통구 | 1.08 |
| 수원 팔달구 | 0.69 |
| 계룡 | 0.65 |
| 강북구 | 0.54 |
| 양주 | 0.53 |
| 동작구 | 0.41 |
| 청주 상당구 | 0.39 |
| 종로구 | 0.36 |
| 양천구 | 0.36 |
| 서대문구 | 0.35 |

**하락지역**

금주 하락률 상위
| | [%] |
|---|---|
| 안산 상록구 | -0.24 |
| 강릉 | -0.21 |
| 동두천 | -0.21 |
| 경산 | -0.20 |
| 대구 달서구 | -0.18 |
| 부산 영도구 | -0.16 |
| 거제 | -0.15 |
| 대구 수성구 | -0.15 |
| 대구 서구 | -0.13 |
| 구미 | -0.13 |

전년말대비 하락률 상위
| | [%] |
|---|---|
| 동두천 | -0.46 |
| 광주 동구 | -0.34 |
| 대구 수성구 | -0.32 |
| 경산 | -0.29 |
| 인천 남동구 | -0.28 |
| 강릉 | -0.28 |
| 안산 상록구 | -0.24 |
| 대구 달서구 | -0.22 |
| 인천 미추홀구 | -0.21 |
| 거제 | -0.21 |

자료: KB부동산

## ■ 전국 아파트 매매가격지수 및 변동률 추이

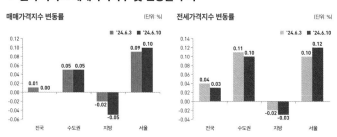

매매가격지수 변동률 [단위: %]

전세가격지수 변동률 [단위: %]

최근 1년간 전국 아파트 매매·전세가격 지수 및 변동률 추이 [단위: %]

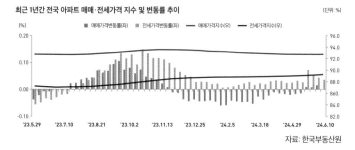

자료: 한국부동산원

그래도 부동산

부동산 시장의 흐름을 파악하기 위해 매매가격, 변동률, 거래정보, 매물 수 등의 데이터를 보는 것도 중요하지만 뉴스를 읽는 것도 놓치지 말아야 한다. 전체적인 뉴스 내용을 보면 지금이 상승장인지 하락장인지를 알 수 있다. 매일 아침, 점심, 저녁으로 부동산 뉴스를 훑는 이유다. 이렇게 훑은 내용을 작은 단톡방에서 나눈다. 내 생각을 함께 나누는 이유는 스스로에게 숙제를 주기 위해서다. 주변의 좋은 사람들에게 주는 작은 보답이기도 하다. 어쨌거나 다음이나 네이버 포털에서 부동산 뉴스를 찾아 읽기도 하지만, 요즘은 부동산과 경제뉴스만 모아서 보내주는 애플리케이션이 있다. 여러 부동산 관련 단톡방을 보다 보면 뉴스들을 모아서 올리기도 한다. 훑는 데 시간이 오래 걸리지 않는다. 관심만 있다면 말이다. 그러다 보면 반등하는 상승장 속에서 송파 집값이 2억 내렸다는 뉴스가 이미 한발 늦은 소식이라는 것을 알아보게 된다. 뉴스와 함께 현장까지 살피면 확신이 더욱 굳어진다. 내가 투자에 유리한 건 현장에 있기 때문에 시장 분위기를 빠르게 감지한다는 점이다. 전세가 얼마나 빨리 소화되는지,

전세가가 얼마나 오르는지, 그래서 매매가와 차이가 얼마나 작아지는지, 어느 쪽에 매수자들이 몰리는지 등을 보면 시장 변화를 알아챌 수 있다. 이유 없는 흐름은 없다. 발품을 팔아야 한다. 발품을 판 만큼 현장의 정보를 얻을 수 있고 시야를 넓힐 수 있다.

부동산은 장기적으로는 우상향하는 시장으로 알려져 있지만 확대해서 보면 다른 투자 자산과 마찬가지로 수많은 등락을 볼 수 있다. 그 속에는 일정한 패턴이 존재하는데, 하락기와 회복기, 상승기, 그리고 후퇴기가 반복되는 것을 알 수 있다. 이것을 흐름이라 부른다. 부동산 투자에서 성공하려면 흐름을 읽어야 한다. 주간 데이터를 보되 큰 흐름도 놓치지 말아야 한다. 위기는 분명히 신호를 준다. 그 신호가 바로 데이터다. 데이터 흐름이 빨라지고 있다. 흐름을 놓치지 않고 그 변화를 감지하여 투자에 적용하려면 공부를 이어가야 한다. 흐름을 읽으면 위험도 줄일 수 있다. 크고 작은 사이클과 흐름을 꾸준히 읽어라. 지속적으로, 멈추지 말고.

그래도 부동산

# 투자의 타이밍을
# 놓치지 마라

•

승리하면 조금 배울 수 있고 패배하면 모든 걸 배울 수 있다.

| 크리스티 매튜슨 |

2017년에 1억 3,000만 원에 매수했던 수원 영통구의 소형 아파트를 임대 등록해서 가지고 있다. 그리고 다시 2019년도에 법인 명의로 같은 단지의 다른 매물을 1억 5,000만 원에 매수했다. 상승장에서 아직 오르지 않은 공시가 1억 원 이하의 영통구 아파트였기 때문이다. 그리고 2021년에 2억 3,000만 원에 매도했다. 수익이 괜찮았다. 이 아파트를 2022년 초에 3억 1,000만 원에 매수한 지인이 있다. 이 아파트는 2021년에

3억 6,000만 원의 최고점을 찍고 이후 하염없이 하락하더니 2억 원을 찍고 다시 반등하기 시작했다. 2024년 5월 시세는 2억 4,000만 원대이다. 같은 아파트지만 매수하고 매도하는 타이밍에 따라 수익의 결과가 다르다. 임대 등록하고 오래 가지고 있다고 해서 수익이 마냥 늘진 않는다. 장기적으로 봤을 때 부동산 가격이 우상향이었던 건 맞지만 매도 시기에 따라 수익이 달라지니 하락장과 상승장의 흐름을 읽고 타이밍을 놓치지 말아야 한다.

2024년 5월의 서울 아파트 시장은 빠른 회복세를 보여주고 있다. 거래량이 반등해 4,000건을 넘어섰고, 강남권은 물론 강북권에서도 신고가가 나타나고 있다. 시장에서는 '집값 바닥론'이 다시 고개를 들고, 수도권 아파트 전셋값 역시 계속 오르고 있다. 시장은 다시 돌고 돌아 반등 중인 것이다. 2022년, 2023년에 이어 2024년 지금까지 햇수로 3년 동안 한쪽에선 하락을 외쳤고, 한쪽에선 곧 반등할 거라며 상승을 외쳤다. 그런데도 시장의 심리는 쉽게 돌아서지 않았다. 돈

그래도 부동산

이 있는 상급지와 대출·세금에 민감한 하급지의 격차는 점점 벌어졌다. 무주택자들은 하락장에서 매수하는 것이 옳다. 될 수 있는 한 조금이라도 신축이거나 상급지로 이동할 수 있는 기회가 하락장이다.

　성공한 투자자들의 공통점 중 하나는 매매 타이밍을 기막히게 잡는다는 것이다. 집값이 내려가고 더 떨어질 거란 전망에 대부분 사람이 움츠러들고 아우성칠 때 과감히 매수한다. 2018년 초, 다주택자 매물이 급매로 나왔다. 역전세를 버티지 못하고 전세 보증금에 딱 500만 원만 보탠 가격에 집을 내놓았다. 빠른 판단으로 그 가격에 매수한 사람은 몇 개월 뒤부터 오르는 가격을 보며 성공의 어퍼컷을 날렸다. 반면 더 떨어질 거로 생각했던 사람은 결국 매수하지 못했다. 좀 더 큰 건물의 사정도 마찬가지였다. 2021년에 급격히 하락하던 시세는 건물이라고 다르지 않았다. 지인은 시세 대비 5~6억 원 저렴한 가격으로 내놨고, 그걸 매수한 사람은 잔금 전에 복구된 시세를 볼 수 있었다. 하락장, 급매가 나올 때가 기회다. 현금이 이 기회를 잡게 한다. 그리고 집값이 올라 남들이 서로 매수하려고 할 때 그들은 슬그머니 매도한 후 시장 밖으로 나가 기다린다. 이들은 시장이 침체하여 아무도 돌아다니지 않을 때 좋은 걸 저렴하게 매수한다. 아주 적극적으로 돌아다닌다. 그리고 부동산 시장에 온기가 돌 때 욕심내지 않고 매도한다.

'이만하면 됐어. 수익이 났으면 됐어.'

이런 여유를 잃지 않는 투자를 한다. 타이밍에 집중하고 과감하게 실행한다. 결정이 빠르다. 빠르게 결정하고 빠르게 행동한다. 이는 여느 다른 분야의 성공자들과 같다. 좋은 물건은 나만을 위한 물건이 아니다. 기다리지 않는다. 매수에 행동이 빨라야 하듯 팔아야 할 시기라고 판단이 서면 바로 행동한다.

결혼을 앞둔 신혼부부가 2023년 12월에 부동산 중개소를 찾았다. 전셋집을 알아보다 매수하는 쪽으로 결정했다고 말했다. 신혼부부는 금리의 변동성과 더불어 집값의 향방이 불분명한 상황이 불안하다며 걱정스러워했다. 나는 전세가가 오르는 상황이고 매매가와 전세가의 차이가 크지 않다며 매매를 권했다. 매매가는 3억 초중반이었다. 전세는 2억 7,000~8,000만 원의 시세를 보였다. 금리는 점차 하락 쪽으로 방향키를 잡아가고 있었다. 매매가가 오르는 속도가 더디긴 하지만 저점을 벗어났다. 수원의 공급 물량은 2024년 이후 적정 수요보다 낮다. 전세가가 더 오를 전망이다. 흐름은 반등 중이고 시간이 흐르면 전고점을 넘어설 것이다. 시간이 걸릴 뿐 전고점까지 간다고 보면 수익 구간이 크다. 하락장에서 하락이 멈추는 신호는 전세가다. 특히 구축에서는 더 그렇다. 신혼부부가 잔금을 치른 2024년 2월 매매가는 3억 3,000만 원 이상의 실거래가를 보였다.

2017년에 매수한 영통의 구축 국민평형(84㎡) 아파트의 매수가는 3억 9,000만 원이었다. 이후 2024년 초에 매도한 가격은 6억 6,500만 원이었다. 2021년 최고가는 9억 500만 원이었다. 계속 기다리면 전고점까지 다시 갈 것으로 생각했다. 3억 중반까지 내려갔던 전세가가 5억 중반까지 오르자 갭투자자들이 들어왔다. 욕심내지 않았다. 전고점까지 기다릴 것인지 이쯤에서 수익을 취할 것인지에 대한 고민을 잠시 했지만, 세금이나 역전세 해결을 위해 현금이 필요했다. 매도했다. 2017년에 이 아파트를 매수할 때 구축인 데다 저층이어서 가격이 잘 오르지 않을 거라고 사람들은 나를 말렸다. 그 말을 듣지 않은 결과는 적지 않은 수익으로 돌아왔다. 현금이 필요한 시기에 매도가 되면서 숨통이 트이게 해주었다. 시기적으로 반등장에 접어들었을 때였다. 조금 더 성숙기에 들어섰을 때 매도하면 좋았겠지만 손해 보지 않으면 된다는 기준을 따랐다.

투자는 타이밍만 잘 잡으면 편안하게 할 수 있다. 하락장을 지켜보면서 본인의 자본금 안에 들어오는 매물을 매수하고, 다시 반등장을 지켜보다 내가 원하는 수익 구간에 접어들 때 매도하면 된다. 완전한 저점과 완전한 고점을 잡겠다

그래도 부동산

는 욕심을 내려놓고 내 투자금의 100%, 200% 등 자기만의 상황과 기준을 세우고 그에 맞는 수익을 취하면 된다.

용인시 기흥역에서 중개할 때가 상승장 최고점과 하락장 최저점을 기록할 때였다. 기흥역지웰푸르지오의 경우 2021년 최고점인 9억 8,000만 원을 찍고 더 올라갈 듯하던 집값이 슬슬 내려오기 시작했다. 2023년 초에 급기야 6억 5,000만 원의 최저점을 찍었다. 당시의 매도인들에게 "조금만 더 참아보시라", "이사를 하게 되면 임차를 놓고 가라"고 설득했다. 금리만 내려오면 회복될 가능성이 크기 때문이다. 그런데도 7억 이하의 급매 가격으로 매도한 분들이 있었다. 집값은 1년여 만에 8억 2,000만 원까지 복구됐다. 급매물을 매수했던 분들은 단기간에 꽤 큰 수익을 보게 되었다.

매수 타이밍의 기준은 전고점 대비 30% 하락한 시점으로 보면 수월하다. 이 정도 가격이라면 큰 손해를 보지 않을 가능성이 높다. 이후 수익이야 본인의 상황에 맞춰서 매도하는 시기에 따라 다를 수 있지만, 우선은 싸게 사야 마음이 편하다.

수익의 일부를 재투자하면 좋지만, 바로 뭔가를 매수해야 한다는 조급함은 버려야 한다. 통장에 현금이 있는 꼴을 보지 못하던 많은 투자자가 성급히 재투자했고 그 결과 2022년, 2023년의 악순환이 생겨났다.

'인생은 타이밍'이란 말이 있다. 모든 일은 때가 있다는 뜻이다. 투자에서도 마찬가지다. 무주택자라면 하락장에서 머뭇거리거나 전·월세로 거주하는 악수를 두지 마라. 2년 뒤 본인 자산에 대한 이자를 낸 사람과 임대인을 위한 전세자금대출 이자를 내거나 월세를 낸 사람의 자산 격차는 지금 예상하는 것보다 훨씬 클 것이다. 무주택자라면 아무도 매수하지 않는 하락장일 때 좋은 물건을 싸게 사라. 더불어 상급지로 갈아타고자 하는 1주택자는 원하는 곳의 매물을 전세를 안고 사놓는 것도 상승장에서 갈아타는 비용을 줄이는 방법이다.

그래도 부동산

# 부동산 투자의 성공은 대응력에 달렸다

●

집을 사기에 가장 좋은 시기는 항상 5년 전이다.

| 레이 브라운 |

오늘도 새벽 2시가 넘었다. 호프집을 시작한 이유는 여러 가지였다. 그중에서 가장 큰 이유는 현금 파이프를 늘리는 거였다. 월세 받는 수익형 투자가 아니라 월세처럼 수익이 나오는 수익형 사업을 하겠다는 목적이 컸다. 요즘 고시원을 비롯해 여러 수익형 사업에 관한 강의를 여기저기서 볼 수 있다. 본업으로 혹은 부업으로 투자 대비 안정적인 수익이 나오는 사업에 관한 수업을 듣는 이들이 부쩍 늘었다. 왜 이

렇게 늘었을까?

투자하면서 예상하지 못한 상황에 직면할 때가 다반사다. 우리가 미래를 안다면 모두가 실패나 시련 없이 부자가 되고 성공했을 것이다. 지난 상승장에 우린 전문가의 말을 맹신했다. 전문가들의 말 한마디에 휩쓸려 다녔다. 그리고 다 같이 하락장을 만났다. 전문가들의 예측은 참고만 했어야 했다. 그들의 예측은 부질없었다. 2021년 말, 부동산 전문가 대부분은 2022년의 부동산 역시 상승할 거라고 전망했다. 하지만 2022년은 상승하지 않았다. 하락과 역전세로 집 가진 이들의 고통이 시작된 해였다. 이들 중 고비를 넘긴 이와 무너진 이의 차이는 대응력이었다. 대응력은 결국 현금을 얼마나 보유하고 있느냐 혹은 끌어올 수 있느냐이고, 이것이 무너지느냐 버티느냐를 갈랐다.

2024년 상반기를 지나면서 부동산 시장은 서서히 불타오르고 있다. 투자하겠다고 부동산 중개소를 찾아오는 사람들이 늘었다. 다시금 전세를 레버리지 삼아서 아파트를 구입한다. 집을 매입하는 이들에게 나는 거듭 강조한다.

"지금의 전셋값을 활용하는 것은 기회이지만, 역전세 상황에서는 위험이 될 수 있어요. 미래는 알 수 없으니 위험에 대비하여 현금을 꼭 보유하세요."

역전세 상황에서는 전세가가 내려온 만큼의 현금이 필요하다. 보통은 보증금의 10%를 보유하라고 하는데, 2022년부터 시작된 하락장에서는 30% 이상 내려왔다. 더더욱 10% 정도의 예비비는 필수다. 이런 예비비의 중요성에 대한 설명은 여러 선배 투자자들도 말했었다.

하지만 사람들은 상승장에서 현금을 보유하고 있는 것은 무의미하다고 여겼고, 그 돈으로 투자를 강행했다. 잘못된 선택의 결과는 위기였다. 지금 고시원, 스터디 카페와 더불어 무인사업이 갑자기 늘어난 이유다. 파티룸, 공유사무실, 에어비앤비, 연습실 등 공간 임대 사업도 늘었다. 부동산 투자를 했던 사람들은 어떻게든 버텨야 했고, 버티는 방법은 결국 현금이었다. 임대 수입 없이 시세 차익형으로만 투자했던 사람들은 전세 보증금 상승기엔 주기적으로 목돈이 들어왔다. 하지만 하락장에서는 오히려 목돈을 메꿔서 임차인을 내보내야 하는 상황에 부딪혔다. 급등장에서 이런 상황에 대비하여 현금을 보유하고 있는 투자자는 드물었다. 게다가 '영끌'로 받았던 대출 이자는 금리가 오르면서 두세 배로 뛰었다. 그 이자만 해도 충분히 버거웠다. 예비비는커녕 더 끌어올 대출도 없었다. 현금이 시원하게 들어올 구멍이 없었다.

대기업을 다니면서 차근차근 자산을 키워가던 직장인 B씨의 사연은 특히 안타까웠다. 주변에서 그에게 상담 신청을 할 정도로 다년간에 걸친 투자 경험이 있었다. 그런 그가 투자한 집들이 공매로 넘어갔다는 소식은 꽤 충격이 컸다. 오랜 기간 축적한 지식과 경험도 급락장에서 힘을 쓰지 못했다. B씨뿐만이 아니었다. 세금과 이자를 감당하지 못하는 이들이 늘면서 경매와 공매로 넘어가는 집들이 늘었다. 이런 위기를 넘기고 버티는 데 필요한 건 첫째도 현금, 둘째도 현금이었다.

그래도 부동산

다주택자인 나도 억 단위의 종부세를 2년에 걸쳐 내고 2023년에도 4,000~5,000만 원을 냈다. 역전세와 종부세로 개인 명의와 법인 명의의 주택들에 매달 현금을 채워 넣어야 했다. 그나마 2017년부터 2년간 동탄2신도시 공급과잉으로 인한 역전세를 경험한 적이 있어서 여유 자금을 마련해놓았다. 하지만 그 당시 역전세 규모를 고려한 계산에는 종부세와 고금리 대출 이자가 반영되지 않았다. 필요한 현금 규모가 서너 배로 커졌다. 전세 만기가 돌아오는 집들을 매도하려 했지만, 매도한 금액으로 전세 보증금과 대출금을 감당할 수 없을 정도로 시장 상황은 나빠졌다. 게다가 시장이 침체하면서 부동산 거래량도 '0'에 가까웠다. 주 수입원인 중개 수수료도 막혔다.

이때 막 시작한 고시원에서 들어온 권리금 수익이 한 고비를 넘기게 했고, 또 다른 부동산의 담보 대출이 또 하나의 고비를, 수익을 내고 매도할 수 있었던 수도권의 집들이 또 다른 고비를 넘기게 했다. 다른 한편으로 지출을 줄였다. 한 달에 내는 이자를 줄이기 위해 대출을 단기에서 장기로 대환

하면서 기간을 늘렸다. 또한 이자가 조금이라도 낮은 신용대출로 갈아탔다. 내 주머니에 있는 현금을 지켜야 했다.

투자하면서 위험이 없을 수는 없다. 위험에 대한 대비는 현금이다. 현금을 만들어내는 경우의 수를 고민해야 한다. 그 이전에 모든 현금을 투자에 쏟아붓지 않는 것이 중요하다. 그리고 꾸준히 안정적으로 돈이 나오는 파이프라인을 만들어놓는 게 위험을 줄이는 방법이다. 그 현금들이 위기의 시기를 넘기게 한다. 현금이 부동산 투자의 운명을 가른다.

이번 하락장의 시련은 경제적 자유로 가는 길을 늦췄다. 상승장일 때 아무것도 하지 않고 가만히 있었더라면 오히려 더 쉽게 그 자리에 도달했을지도 모른다. 그러나 그만큼의 깨달음은 얻지 못했을 것이다. 인플레이션으로 화폐가치가 떨어진다는 말만 믿고 현금을 가볍게 생각했을 것이다. 시장에 겸손해졌다. 예측할 수 없는 변수로 위험에 처할 수 있다는 걸 가슴에 새겼다. 그 불안을 이기고 관리하기 위해 수입의 다각화를 고민했고, 현금의 중요성을 깨달았다. 좀 더 현

그래도 부동산

명한 투자를 할 수 있게 되었다. 급하지 않고 편안한 투자에 대한 상식을 키웠다. 불안하지 않기 위해서 위험을 관리해야 한다. 위험에 대한 방어력은 현금이다. 이것이 투자의 성공과 실패를 가른다.

# 마음 편한 투자를 해라

●

나를 불안하게 하는 것들과 작별하라.
| 쇼펜하우어 |

2014년 처음 부동산 투자를 시작할 때의 바람은 거창하지 않았다. 100억, 200억대의 자산가가 되고자 한 것이 아니라 지금보다 조금 더 여유로운 삶을 원했다. 하지만 어느 순간부터 욕망의 전차에 탄 듯 숫자에 집착했다. 몇 채의 집을 가지고 있는지, 그 집들의 자산 크기는 어느 정도인지를 셈하면서 갈수록 마음이 조급해졌다. 내가 세운 투자 기준을 스스로 깨뜨리면서 시장 분위기에 휩쓸렸고, 돈과 시간에 매였

다. 자산이 늘어날수록 불안은 더 커졌다. 남들이 말하는 숫자에 빨리 도달하려는 마음에 초조했다.

우리는 언제 가장 행복할까? 나이 50을 넘기면서 행복의 조건이 단순해졌다. 마음이 편안하고 아무 일도 일어나지 않는 하루가 행복임을 깨달았다. 여러 고민으로 부침이 많은 요즘은 하루가 길다. 잠을 못 자니 그 길이가 더 길어졌다. 자고 싶은데 잠들지 못하고 뒤척이는 시간이 괴롭다. 아직 해결되지 않은 역전세, 이자를 어찌어찌 감당해야 한다. 계획대로, 생각대로 되는 게 하나도 없다. 사는 게 힘들다. 늘 생각지도 못했던 돌발 상황이 일어난다. 그것을 해결하기 위해 동분서주하는 상황에 한숨이 절로 나온다. 10대 때라고 한숨 짓는 날이 없었을까? 20대 때는 덜했을까? 때에 따라 내용은 달랐지만 비슷했으리라.

"힘들다."
"죽을 것 같다."

그 힘듦의 이유를 파고들면 늘 가난, 돈으로 귀결되었지만 어찌어찌 살아내고 해결하며 여기까지 왔다. 대단한 계획이나 목표는 없었다. 가난하지 않기 위해 무던히 애쓰고 노력했다. 하지만 원래의 계획보다 많이 가지려던 욕심은 나를 전혀 다른 상황에 놓이게 했다. 다른 사람들만큼, 혹은 다른 사람들보다 더 좋은 것, 더 나은 것, 더 높은 것을 좇은 대가였다.

"부족함을 느끼는 삶이 행복한 삶"이라고 고대의 철학자 플라톤이 말했다. 나는 타인과 비교하면서 행복과 멀어졌다. 주관적인 만족감의 기준을 찾았어야 했지만 남이 하니까, 남이 가니까 따라 투자했던 것이 불행의 씨앗이었다.

2022년부터 2024년의 7월인 지금까지 조용히 넘어간 달이 없다. 스스로 생각해도 어떻게 그 많은 일을 해결하며 여기까지 왔는지 모르겠다. 매달 찾아오는 역전세와 세금 고지서의 고비를 넘어야 했다. 몸도 망가졌다. 대체로 힘들고 건강하지 못한 날들이었다. 그러다 보니 평안한 일상을 사는

그래도 부동산

이들이 부러웠다. 별일 없는 그들이 진짜 부자였다.

2024년 4월, 오피스텔 잔금 건이 가장 큰 위기였다. 어찌어찌 우여곡절 끝에 잔금을 해결하고, 월세 임차인을 구했다. 그동안의 심적 부담이 한꺼번에 몰려왔었나 보다. 눈 떠 보니 병원 응급실이었다. 그 시점이 나의 한계인가 했다. 다행히 눈을 떴고, 다시 방법을 찾았다. 결국 또 해결했다. 그 고비를 넘기고부터 시장 분위기가 바뀌었다. 집들이 팔렸다. 금액을 낮추면 바로 나갔다. 집으로 인한 나의 짐들이 가벼워졌다.

투자하면서 알게 된 50대 몇몇이 모여 '과연 우리는 무엇을 원했던 것인지'에 대해 이야기를 나누었다. 우리는 무엇을 향해 달리다가 이렇게 지쳐 쓰러진 걸까? 다들 속에 있는 이야기를 마구 쏟아냈다. 우리가 원했던 것은 경제적 자유였다. 나이 50이 되면 자유인이 되겠다며 가진 모든 것을 쏟아부었다. 다만 체력, 지력(智力), 물력을 조율하지 못했다. 무조건 온 힘을 다했다.

"모든 것을 쏟아부었어."

하나같이 내뱉은 이 말이 공허하게 울려 퍼졌다. 온 힘을 쏟아부은 결과에 모두 허망함을 느꼈다. 우리는 행복이 무엇이고 어떻게 해야 행복할 수 있는지 생각하지 않고 무작정 앞만 보며 달렸다. 상승장과 하락장의 롤러코스터를 탄 뒤에야 우리는 성공, 명예, 부를 얼마나 가졌는지가 중요하지 않다는 것을 알게 됐다.

돈은 소금물과 같다고 했다. 마시면 마실수록 목이 마른 소금물처럼 가지면 가질수록 부족하게 느껴진다는 것이다. 저마다 자신의 한계를 알고 기준을 정해야 한다. 각자의 그릇에 맞게 부를 관리해야 한다. 적당한 수준에서 부를 잘 지켰어야 했다.

나를 돌아보고 들여다보게 된다. 내가 원래 꿈꾸던 부의 기준을 생각해본다. 나는 방 4개의 40평대 아파트와 아이들 교육비를 걱정하지 않아도 되는 정도의 부를 원했다. 그랬던 마음은 남을 따라가다 남들만큼은 하자는 욕심에 잊혀져

그래도 부동산

갔다. 다른 이가 어디에 살고, 어떤 집에 살고, 어떤 자동차를 몰고, 아이들을 어떻게 키우는지를 따라 하고 있었다. 그 욕심들이 욕망이 되었다. 위험을 만들었다.

　다시 시선을 나에게로 향한다. 자꾸 나를 돌아보면서 원래의 기본을 찾아간다. 크기를 마구 키워야 행복할 거란 마음을 내려놓는다. 정리하고 단순하며 가볍게 살고자 한다. 행복은 부의 크기와 비례하지 않았다. 다만, 그만큼의 부대낌이 있었다. 각자 처음 투자를 시작하며 그리던 부를 찾아가길 바란다. 그러기 위해 자주 틈틈이 자신의 마음을 들여다보며 투자해야 한다. 투자하면서 마음공부가 필요한 이유다. 그동안 내가 온 열정을 쏟아낸 시간에 대한 보답은 초심을 되새기는 것이었다.

　돌아보니 나에겐 그 시간을 함께해준 인연이 남았고, 시련을 이겨낸 여러 경험이 남았다. 행복하기 위해 부의 크기가 클 필요는 없었다. 그저 대체로 행복하고, 많이 웃는 날들을 꾸려나갈 만큼의 부라면 충분했다. 친구를 만나서 브런치 먹고 산책하다 저녁 한 끼 먹는 데 그렇게 큰돈이 필요한 건 아니다. 뭘 그리 큰 것을 바라면서 키우고 넓히느라 힘들어했을까?

우리의 목적은 행복한 '경제적 자유인'이다. 시간과 돈에서 자유롭기 위해 꼭 100억, 200억 원이 필요한 건 아니다. 본인이 원하는 자유의 모습을 되새겨보기 바란다. 자신이 원래 원하던 부의 모습을 구체적으로 떠올려보길 바란다. 쫓기지 마라. 마음 편한 투자를 해라.

그래도 부동산

# 차익형과 수익형 투자 비중

2022년부터 이어진 하락장을 지나오면서 '걷기' 습관이 생겼다. 사찰을 거닐고, 성지를 거닐면서 생각과 숨을 정리한다. 바빠서 시간이 안 되면 근처 공원을 거닐기도 하고, 아파트 단지라도 걷는다. 걸으면서 생각을 비우려고 노력한다. 힘든 순간의 가쁜 숨이 빨리 편안해지기를 바란다. 식은땀이 가시고, 가슴 통증이 가라앉길 바라면서 천천히 숨을 들이마셨다 내쉬기를 반복한다. 폴 새뮤얼슨은 행복이란 소유를 욕망으로 나눈 크기라고 했다. 그의 이론대로 행복의 크기가 커지려면 소유가 많거나 욕망을 줄여야 한다. 더 많이 소유하려는 욕망을 줄이면 행복이 커지는데 우린 상승장에서 끝도 없이 욕망을 키웠다. 그것도 남과 비교하면서 키운 상대적 욕망이었다. 그 욕망이 진정한 나의 욕망인지 아닌지도 모른 채. 난 이 욕망을 줄이기로 했다.

욕망을 키우면서 시세 차익형 투자에 거의 쏟아부었다. 시세 차익형이 9라고 하면 수익형이 1 정도였다. 현금흐름형 풍차 돌리기식의 전세 레버리지 투자를 해보고자 했던 투자 초반의 생각은 전세가가 떨어지면서 풍차 돌리기 역전세 위기로 돌아왔다. 한 번에 잡으려던 '경제적 자유'는 '지옥의 짐'을 지게 했다.

현금이 들어오는 파이프라인이 아쉬웠다. 큰 비중을 차지하던 중개 수입이 들어오지 않을 때 가장 큰 위기를 맞았다. 수익형 투자로 임대 수익이 안정적으로 나오는 시스템을 만들어놓았다면 위기를 수월하게 넘길 수 있었을 텐데 그러지도 못했다.

이제야 수익형 사업으로 파이프를 하나둘 늘려가고 있다. 2024년 8월 초에 무인카페를 하나 더 오픈한다. 중개업과 무인사업, 그리고 임대 수익으로 현금이 안정적으로 들어오는 파이프 시스템을 만들고 있다.

시세 차익형 부동산 투자는 비고정 수입이다. 시기가 적절해야 수익을 극대화하고 환금성도 좋다. 그 시기를 기다릴 여유를 현금 파이프 시스템으로 만들고 있다. 적어도 시세 차익형 투자와 수익형 투자의 비중을 따지자면 우선은 수익형 사업과 임대 수익으로 월 1,500만 원 수입을 안정적으로 만들어놓은 후 시세 차익형을 남겨놓을 것이다.

고정적인 현금 파이프의 크기가 자신의 돈 그릇이다. 이를 간과하지 마라. 자산을 키우고자 한다면 안정적 수입으로 자신이 감당할 수 있는 만큼만 투자해라.

5장

# 투자의 방패막,
# 현금 파이프라인을 만들어라

# 나를 알리고 신뢰를 쌓아라
## -부동산 중개업

•

기적을 일으키는 것은 신이 아니라 자신의 의지다. 기적을 바라기만 하고
아무 노력도 하지 않는 사람에게 기적은 일어나지 않는다.
| 김연아 |

부동산 중개업은 직장을 그만두고 새로 시작한 일이었다. 중
개사라는 직업 덕분에 다른 사업들도 수월하게 시작할 수 있
었다. 중개업을 하면서 한 달에 1억 이상의 매출을 올리기도
했다. 나에게 중개업을 배우고 싶다는 사람들도 나타났다.
하지만 이 일을 처음 시작할 때는 다른 초보자와 마찬가지로
어설펐다. 좌충우돌하면서 시작했지만 지금은 내가 없어도
사무실이 돌아가는 시스템을 구축했다. 어떻게 여기까지 올

수 있었는지 적어볼까 한다.

"하기 싫었어. 사람들하고 감정싸움 하는 것도 지치고, 같은 업을 하는 사람들하고 얼굴 붉히는 것도 힘들었어."

10년간 운영해온 부동산 중개업을 끝내면서 지인이 한 말이다. 하기 싫은 일을 그만두는 용기가 대단해 보였다. 어느 정도의 경제적 여유가 있으면 일을 그만둘 수 있을까? 경제적 자유는 하기 싫은 일을 하지 않을 수 있는 거라고 했다. 돈이 주는 자유 중 가장 큰 자유다. 나는 그 자유를 위해 2014년부터 시작한 일이 중개업이었다. 이 일은 나에게 현금을 주는 주 수입원이다. 부동산 투자로 자산을 늘리는 과정에서 중개업으로 얻은 수입은 큰 역할을 했다. 수백 억대를 보유한 큰 부자는 아니지만 하고 싶은 걸 하고, 하기 싫은 일을 거르면서 할 자유를 만들어주었다. 그 정도 경제력을 만드는 동안 주 수입원인 중개업에서 버는 수입 파이프가 커졌다. 거기에다 고시원, 무인사업, 호프집 운영까지 여러 파이프라인을 안정화하고 수익을 내도록 하는 과정에서 제1 파이프라인의 성공 경험은 새로운 것들을 시작하고 일정한 수입을 만들기까지의 시간을 단축시켰다.

부동산 중개업을 성공시키는 데는 여러 조건이 필요하다. 그것은 바로 고객관리, 시장에 대한 지식과 인적 네트워킹, 마케팅 능력, 법률 및 규제 준수를 통한 신뢰감 유지, 그리고 계약으로 이끄는 적당한 협상 능력이다. 나는 이러한 능력들을 하나씩 나눠서 키우지 않았다. 손님들이 나를 찾아오게 하고, 찾아온 고객에게 부동산 시장의 트렌드와 변화가 어떻게 되는지 법률과 규제를 지켜가는 선에서 깊이 있게 브리핑했다. 또한 광고와 인적 네트워킹을 위해 블로그에 거의 매일 기록을 남겼고, 뉴스와 책뿐만 아니라 유튜브 영상도 빠짐없이 읽고 들었다. 찾아온 손님보다 많이 알려고 노력했고, 손님보다 몰라서 버벅거리는 부끄러운 중개업자가 되지 않으려고 노력했다. 이런 전략은 여러 기회를 가져다줬다. 그 기회들로 인해 수입과 인연은 자연스럽게 늘어났다. 이

중에서도 사람들이 찾아오는 부동산 중개소가 되는 데 무엇이 가장 큰 역할을 했을까?

대학을 졸업하고 불임연구실 연구원으로 일했다. 그러나 맞벌이 월급만으로는 아이들을 키우기에도 벅찼다.

"부자는 어떻게 부자가 됐을까?"

부자들이 부를 쌓은 노하우가 궁금했다. 책과 강연 등을 통해 부자들이 부를 이룬 데에는 부동산이 있다는 것을 알게 됐다. 직장을 그만두고 부동산을 제대로 알기 위해 중개업을 시작해야겠다고 마음먹었다. 셋째를 출산한 후 중개사 자격증을 따고 바로 부동산 중개소의 실장으로 취업해 4개월간 일했다. 그러나 인생이 어디 뜻대로 흘러가던가. 자격증을 딴 2012년의 부동산 시장은 거래가 뜸해서 생계를 유지하기 힘들었다. 1년 반 동안 도배 일을 배웠다. 그때 깨달았다. 노동소득으로는 경제력의 도약이 힘들다는 걸 말이다. 상방

그래도 부동산

이 정해진 일은 무엇이든 직장과 다를 바 없었다. 상방이 열려 있는 일을 해야 했다. 다시 중개업을 해야겠다고 결심하고 실장 면접을 보게 된 이유다. 새로이 실장 경험을 제대로 한 뒤 중개사무소를 차려야지 했는데 네 살배기 아이가 있다는 이유로 취업이 힘들었다. 1년 반 전에 아들은 더 어렸음에도 실장 일을 하는 동안 한 번도 조퇴해본 적이 없었다. 난 꼭 실무를 배워서 중개업을 시작해야 한다는 절실한 마음으로 사장을 설득했다.

"저, 실장 면접 보러 왔습니다."

늦둥이 아들을 어린이집에 보내고, 실장 구인공고가 올라온 단지 내 부동산으로 이력서를 들고 내려갔다. 자격증 공부를 시작하면서부터 지나는 길에 보이는 부동산 간판마다 박힌 이름들을 읽었다. 그 이름들 사이에 내 이름이 걸려 있는 상상을 하곤 했다. 이런저런 직업을 떠올려봤지만 결론은 언제나 중개업이었다. 난 어린 시절부터 이어온 가난을 끊어야 했다. 아이 셋에 대한 책임이 있었기 때문이다.

"아이가 있네요. 우리 중개소는 바빠서 아이가 있으면 좀 힘들어요."

사장은 늦둥이 아들 때문에 맡은 일을 소홀히 할까 봐 걱정했다. 아이들 이유로 조퇴나 결근이 잦을 수 있다며 다른 사람을 뽑겠다고 했다. 난 오히려 어린 아들이 있어서 엄마로서 책임감이 더 크다고 호소했다.

"아이들로 인해 저는 더 책임감이 강해졌습니다. 무엇보다 아이들 때문에 꼭 중개업을 해야 합니다. 잘 배워서 부동산 중개소를 운영하고 싶습니다. 단 일주일만이라도 일하게 해주세요. 분명히 저와 일하길 잘했다고 생각하실 겁니다."

아이들에 대한 책임감은 지금까지 어떤 위기에도 일을 포기하지 않게 했다. 이틀 동안 온종일 사무실에 앉아서 사장

을 설득하고 또 설득하다 사장과 함께 퇴근했다. 퇴근길에
사장은 진절머리를 치며 말했다.

"내가 너 같은 애는 처음 본다. 넌 실장 하면 안 돼. 그 정
도 열정이면 그냥 개업해."

나는 그녀의 말에 힘입어 곧장 개업하기로 했다. 2012년
에 자격증을 따고 실무 경험은 4개월로 마무리한 셈이었다.
2014년 7월 말일에 부동산 중개소를 열었다. 처음엔 막막했
다. 어디서부터 무엇을 해야 할지 몰랐다. 계약서 작성은 물
론이고 광고와 홍보를 어떻게 해야 할지 감이 오지 않았다.
나의 이런 막막함이 안타까웠던지 중개소를 인계해준 이전
사장이 3개월 동안 실장으로 있으면서 실무를 알려주겠다고
했다. 감사했다. 이런 인복은 지금까지도 이어진다. 적절한
상황에 내게 필요한 사람이 곁으로 찾아와 준다. 우연이겠지
만 실장이 그만둬서 사람이 필요할 때마다 좋은 분이 찾아와
서 새로운 인연이 맺어지곤 했다.

실무를 배우는 3개월 동안 한편으로는 블로그를 제대로 만들고 싶었다. 바쁜 와중에 짬을 내 블로그를 구축했다. 나만의 부동산 중개 스토리를 날마다 기록했다. 책을 읽으면 책 리뷰를 썼고, 중개 계약을 하면 계약이 이루어진 과정을 써서 올렸다. 개업한 2014년 그해 영통으로 부동산 갭투자 손님들이 찾아오기 시작했다. 갭투자가 부자들이 부를 만들어가는 방법이고 이 방법이 어떤 과정을 통해 완성되는지를 기록한 블로그는 인터넷을 검색하는 부동산 투자자들의 주목을 받았다. 이때 인연이 되었던 부동산 컨설팅회사와 2년 동안 함께 일하면서 일반적인 갭투자 매물을 찾는 방법을 익혔고, 이에 대한 공부를 더 깊이 하기 위해 서울 쪽으로 강의를 들으러 다녔다. 꾸준히 책을 읽고, 강의를 들으면서 기록을 남기다 보니 손님들에게 브리핑하는 실력도 늘었다. 게다가 블로그는 사람들을 연결해주는 연결고리가 되었다. 10년이 넘는 세월 동안 하루도 빠짐없이 기록해온 블로그는 모르는 사람들에게 나를 알리는 중요한 소통 창구가 되었다.

블로그 외에도 내가 남들이 안 하는 일을 꾸준히 하는 것

그래도 부동산

들이 있다. 다른 중개사들이 '이게 뭐야?' 하면서 일부러 안 하고, 무서워서 안 하는 일들이다. 근거를 따져보고 법과 규제에 어긋나지 않는다면 일을 진행했다. 내가 이름을 알리게 된 계기는 기금대출을 이용한 준공공 장기임대사업 제도였다. 구축은 8,000만 원, 20년 이하 주택은 1억 원을 1.5%의 저리로 나라에서 임대인들에게 대출해줬다. 그것도 보유 주택 수에 상관없이 해주는 대출이었다. 대신 8년의 의무 기간에는 임차 계약 갱신 시 5% 이상 보증금을 올릴 수 없다는 제약이 있었다. 투자자들은 투자금을 아끼고, 임차인들은 보증보험에 가입해서 안전을 담보하면서 적은 보증금으로 거주할 수 있으니 양쪽 모두에게 안전하고 좋은 제도였다. 이를 활용한 거래가 성공적으로 이루어지자 고객들이 몰려들었고, 해당 거래의 구조를 모르던 주변 부동산 중개소는 나를 배척하는 지경에 이르렀다. 나중에는 본인들도 기금대출 거래를 진행했지만, 그 과정이 일반화되기까지 나는 '사기 부동산'이라는 말까지 들어야 했다.

기금대출을 이용한 투자가 알려지면서 '투자 전문 부동산'

이란 타이틀이 붙었고, 2019년부터 부동산 시장이 뜨거워지면서 법인 투자자들의 거래도 많아졌다. 모든 일을 블로그에 올렸더니 나를 찾는 손님들은 더욱 늘어났다. 나의 투자 경험을 가감 없이 블로그에 기록하면서 고객들의 신뢰도 올라갔다. 블로그에서 나를 응원해주는 사람들과 '꿈부모임'을 만들어서 한 달에 한 번씩 독서모임과 경험 나눔 강의를 하고, 여행모임을 하기도 하는 등 여러 소통의 장을 만들었다. 이런 경험의 기록들을 모아서 첫 번째 책인《스무 살 딸에게 보내는 엄마의 부동산 투자 편지》를 썼고, 이번에는 많은 사람이 힘들어한 부동산 하락장을 넘긴 과정을 기록한 이 책을 쓰고 있다.

내 블로그는 중개업을 성공시키는 데 필요한 여러 조건을 채워주었다. 성공하는 중개의 첫 번째는 신뢰다. 믿을 만한 부동산 중개소인지, 아니면 본인의 수수료 수입만을 추구하는 계산적인 중개소인지에 따라, 거래가 추가로 이어질 수도 있고 한 번의 거래로 끝날 수도 있다. 그 기준은 신뢰다. 얼

그래도 부동산

마나 정직하고 투명한 소통을 유지하는지는 고객들이 먼저 안다. 부동산 시장의 트렌드와 변화를 알고 손님에게 더 수준 높은 조언을 제공할 수 있는 중개소인지도 블로그를 통해 알릴 수 있다.

중개소 개업과 함께 투자 공부를 시작했다. 3년 정도 실전 투자를 하면서 공부해보니 혼자보다 여럿이 하면 더 좋을 것 같았다. 2017년에 독서모임인 '꿈부모임'을 시작했다. 이 모임은 이후 고시원 등 각자의 일과 투자에 대한 발표 모임을 거쳐 현재는 '꿈부쌀롱'이란 미니강의 모임으로 이어지고 있다. 투자를 하면서 주의할 점들과 수익형 사업의 이런저런 경험을 이야기해주고 있다. 인연은 계속 이어지기도 하고 끊어지기도 하지만 모임은 꾸준히 이어지고 있다. 카카오톡 단톡방에서 부동산 관련 뉴스와 인생 이야기를 나누며 서로를 지지하고 응원해주고 있다. 표면적으로 보면 꿈부모임과 꿈부쌀롱 둘 다 나의 경험과 지식을 전하는 형태이지만, 나는 그분들에게서 받은 에너지로 이번 힘들었던 하락장 시기를 버틸 수 있었다. 계속 나를 지켜보면서 응원해준 이들에 대한 보답이라고 생각하고 오늘도 미니강의를 준비하고 있다.

10년간 중개업을 하면서 나는 다른 중개소에서 하지 않는 여러 시도를 해왔다. 그로 인해 말도 안 되는 오해를 받기도 했지만, 결과적으로 많은 경험과 노하우를 쌓았다. 다른 중개소에서 들을 수 없는 브리핑을 할 수 있는 밑천도 되어주었다. 남들이 하지 않는 시도와 그 기록인 블로그와의 결합은 나의 제1 파이프라인을 더 단단하게 안정화할 것이다.

본인만의 커뮤니티를 만들어보자. 요즘은 블로그뿐 아니라 인스타그램, 유튜브 등 다양한 매체가 있다. 커뮤니티를 통해 인적 네트워크를 확장할 수 있고 자신이 하는 일을 널리 알릴 수도 있다. 커뮤니티는 단순히 정보를 공유하는 플랫폼을 넘어 다양한 사람들을 만나 나를 더 깊이 알아가고 방향을 잃지 않도록 도와주기도 한다. 자신을 믿고 두려움 없이 경험하고 커뮤니티에 알려라. 그 과정을 루틴으로 만들어 꾸준히 해라. 성공은 결국 해야 하는 이유를 찾지 않고 계속하는 성실함에 달려 있다.

그래도 부동산

# 시간이 없다는 건 핑계다
## -고시원

•

당신이 할 수 있는 최선의 일은 어느 날 당신이 시작하는 것이다.

| 마크 트웨인 |

2022년에 고시원을 시작해 1년 반 정도 운영해온 지인이 어느 날 고시원을 매도하고 새로운 사업에 도전하겠다고 했다. 50대 중반의 그녀는 내가 먼저 운영하는 걸 보고 고시원을 알아봤었다. 내 고시원 사업에 대한 도전은 여러 지인에게 뭔가를 시작할 동기를 심어줬다. 이분 또한 동탄에 살면서 서울에 있는 고시원을 왔다 갔다 했다. 방 30여 개를 운영했다. 들어갈 때 고시원 임차 보증금과 권리금으로 2억 5,000만

원 정도 들었던 지인은 월 순수익으로 800~900만 원의 현금 파이프를 만들었다. 하지만 처음 3개월 동안은 시설 수리와 임차 손님과의 전화통화로 힘들어했다. 적응 기간이 끝나자 웬만한 수리와 광고 등을 척척 해내며 운영을 잘 해왔다. 그 다음부터는 주 2회 정도 청소와 비품을 채우는 것이 일의 전부였다. 하루 3시간 정도 신경 쓰면 충분했다. 시간과 경험이 없어서 부업을 하지 못한다는 말은 이분을 보면서 핑계라고 생각했다. 또 다른 지인인 3세, 5세 아이를 둔 젊은 엄마의 사례는 굳이 예로 들지 않겠다. 시간이 없고, 경험이 없다는 건 불안과 두려움을 숨기려는 핑계에 불과하다. 내가 직접 운영해본 경험으로도 고시원은 시간과 투자금 대비 좋은 수익을 주는 사업이었다. 고시원 두 곳을 운영하다가 매도하기까지, 어떤 일이 있었을까?

2022년 초였다. 금리가 무섭게 오르고 있었다. 부동산 시장은 암울해갔고 전세가도 내려가고 매매가도 차츰 떨어졌다. 거래가 멈췄다. '돈맥경화'였다. 무서웠다. 통장 안의 잔고가 줄어들면서 가슴도 쪼그라들었다. 현금 파이프에 대해 고민하지 않을 수 없었다. 매매뿐 아니라 전·월세까지 멈춰 선 시장에서 중개사무소를 찾는 사람은 없었다. 주 수입원이 흔들렸다. 수입이 줄고 있었다. 투자를 늘리면서 대출액은 최고치였고 이자는 점점 늘어나는데 이미 정해진 고정비는 줄지 않았다. 딸 둘이 대학에 입학하면서 등록금과 생활비마저 늘었다. 대책이 필요했다. 거래가 늘고, 시장이 살아날 때까지 버틸 현금 파이프가 필요했다.

2022년 상반기부터 투자자들의 투자 방향이 바뀌었다. 시세 차익형 투자가 아니라 이자를 충당하기 위한 수익형 사업 쪽으로 눈과 발을 돌리고 있었다. 그런 와중에 고시원이 내 눈에 띄었다.


"언니, 고시원 경영에 대해 강의하는데 한번 들어보세요."


투자로 알게 된 동생이, 본인이 알고 있는 고시원 창업 컨설팅 팀에서 진행하는 강의를 소개해주었다. 강의를 들으러 가기 전에 학습형인 난 우선 전자책으로 고시원 사업의 전반적인 창업과 운영 방법에 관해 읽었다. 그동안 해온 중개의 대부분이 아파트였던 난 고시원 사업의 수익률에 놀랐다. 일반적으로 상가나 아파트의 수익률이 3~4%였다. 좀 높다고 해봐야 5~6%였다. 반면에 고시원은 투자금 대비 수익 크기가 상당했다. 수익률이 30~40%라니 이게 말이 되나 싶었다. 고시원이라고 하면 본인의 건물이나 상가에서 우중충한 분위기로 운영하며 노후를 보내는 어르신이 떠오를 수 있다. 그러나 상가를 임차하여 운영할 경우, 시작하는 데 드는 비용이 상대적으로 적어 비교적 젊은 사람도 도전해볼 수 있다. 운영을 잘만 하면 권리금까지 챙길 수 있어서 수익률은 더 커졌다. 후배가 알려준 강의를 바로 신청했다. 30~40대의 젊은 친구들이 고시원 사업을 알아보기 위해 자리에 앉아 있었다. 넓은 강의장이 꽉 찼다. 고시원이 핫한 사업이구나 하고 느꼈다. 고시원 사업 및 운영을 어떻게 하는지에 대한 강의는 오랜만에 내 가슴을 뛰게 했다.

그래도 부동산

'이 정도 수익이면 이자 벌이로 쏠쏠하겠는걸.'

곧장 고시원 매물을 알아봤다. 여러 매물을 살펴보던 중 강남, 신촌 등에서 여러 고시원을 운영하는 분을 만났다. 그분이 여러 개를 운영하는 이유는 한쪽에서 공실로 현금이 막힐 경우를 대비하기 위해서라고 했다. 손님 계층에 따라 수요를 나눠 프리미엄급으로 리모델링한 곳도 있고, 수리가 덜된 곳도 있었다. 전략이 다양한 만큼 70세가 넘은 그분의 노후는 안정되어 있었다. 내가 중개 수입이 막혀서 고시원을 알아보는 이유에 대한 답을 그분에게서 찾을 수 있었다.

투자나 현금 파이프라인을 한 곳, 한 개만으로 꾸려가다 보면 그 하나가 막히는 일이 생긴다. 그러면 삶 전체가 위태로워질 수 있다. 특히나 금리가 올라가면서 부담해야 하는 이자가 급격히 늘어나는 상황이었다. 사람들은 힘들어했다. 나 또한 이자와 역전세, 세금으로 인해 필요한 현금에 대한 부담이 컸다. 중개 수수료에 치우쳐 있던 수입을 분산할 현금 파이프라인이 필요했다. 한쪽에서 막히더라도 다른 쪽 흐름이 괜찮아서 버틸 수 있을 만한 현금 라인 말이다. 고시원을 해보기로 했다. 2개의 고시원을 넘겨받았다.

신촌과 죽전에 있는 고시원이었다. 신촌은 대학생과 직장인 수요가 섞이면서 다양한 사람들로 채워졌다. 죽전은 단국대학교 학생들이 대부분이었다. 두 고시원 모두 리모델링을 했다. 신촌과 죽전의 두 고시원에서 70여 개의 방을 운영했다. 학생과 직장인, 한국인과 외국인 등 다양한 사람들로 방이 채워졌다. 애초에 공실 없이 잘 운영되는 고시원을 찾기 위해 인터넷을 뒤지고 현장을 돌았다. 또한 다른 곳과 차별화된 서비스를 제공하기 위해 깊이 고민했다. 고시원을 운영하면서 가장 크게 신경 쓴 점은 공실 방지였다. 공실 여부가 수익률을 결정한다. 무조건 임차료가 싸다고 방이 채워지는 건 아니었다. 공실 없는 고시원, 즉 고시원을 성공적으로 운영하기 위해서는 결국 마케팅이 필요했다. 마케팅이 수요층에 닿으려면 중요한 요소들이 있다.

그래도 부동산

1. **입지 선정:** 신촌과 죽전처럼 대학가, 직장 밀집지역에 수요가 많다. 게다가 교통까지 편리한 위치에 고시원이 있다면 더 많은 수요를 끌어올 수 있다. 신촌이 죽전보다 공실 회전율이 짧았던 것은 연세대, 이화여대 등 대학생뿐만 아니라 직장인 수요까지 포진된 신촌 역세권에 위치하기 때문이다.

2. **시설 및 청결도:** 고시원 시설은 점점 고급화되고 있다. 그 화려한 시설에 청결은 필수다. 항상 깨끗하게 시설을 유지해야 한다. 거기에 인터넷, 냉난방, 세탁기 등 기본 시설을 잘 갖추어야 한다. 갑자기 찾아온 룸 투어 손님들에게 항시 좋은 인상을 남길 수 있도록 말이다.

3. **안전관리:** CCTV 설치, 출입문 보안 시스템, 화재경보기 등 안전장치를 설치해서 만일에 대비해야 한다. 안전과 관련해서는 요령을 피우지 않아야 한다. 입주자뿐 아니라 운영자로서도 철저한 안전관리가 필요하다.

**4. 가격정책:** 리모델링의 정도뿐 아니라 방 크기가 가격을 결정한다. 아파트, 오피스텔 등 월세가 오르는 것과 동시에 강남 등 핵심지 고시원의 원룸 역시 60~70만 원선으로 임차료가 과거에 비해 많이 올랐다. 수요가 많으니 월 임차료도 부르는 게 값이다. 위치, 시설, 방 크기를 기준으로 다른 고시원들보다 조금만 임차료를 낮춰도 수요자를 붙들 수 있다. 주변과 비교해서 너무 높으면 수요자를 유치하기 어렵다. 본인의 고시원 위치 및 상태를 고려해서 월 임차료를 결정한다.

**5. 홍보:** 가장 효과적인 홍보는 입주자가 해주는 입소문이다. 그러려면 입주자와 소통을 원활히 하고, 문제 발생 시 바로 대응해주어야 한다. 원두커피뿐 아니라 라면, 햇반, 김, 3분 요리 등을 비치해두는 특화된 서비스는 입주자들의 리뷰와 추천 같은 마케팅 효과를 얻을 수 있다. 고시원만의 온라인 플랫폼, 즉 '고방'과 '룸앤스페이스' 등을 적극적으로 활용하고 SNS, 블로그 등을 통해

그래도 부동산

고시원을 홍보한다. 친절한 서비스는 입소문으로 알려져 좋은 평판을 만들어준다.

위 5가지가 성공적인 고시원 운영에 필요한 요소다. 중개와 부동산 투자를 해온 10년간의 노하우 덕분에 나는 여러 아이디어를 떠올렸고 빠르게 실행할 수 있었다. 몸과 마음이 편안한 투자를 꾸려가는 데 분산은 꼭 필요하다. 위험을 나누어놓지 않으면 마음을 졸일 수밖에 없다. 고시원은 그 마음 졸임을 덜어내는 첫 번째 분산이었다. 높은 수익률로 현금흐름을 만들어줬고, 다시 높은 권리금을 받고 뒷사람들에게 고시원을 매도했다. 고시원을 시작할 때는 사람들이 진입하기 시작할 때쯤이었고 매도할 때는 고시원 권리금이 무릎에서 어깨 정도로 올라왔을 때였다. 권리금이라는 큰 수익은 당시 나에게 닥친 위기를 넘기게 해줬다. 이 권리금 또한 시세 차익형 부동산 투자에 쓰였다.

현금 파이프가 여러 개다 보니 아직은 시간과 노동을 투여해야 하지만 심적인 불안은 크게 줄었다. 현금 파이프라인이 여러 개가 될수록 막히고 뚫리는 빈도가 잦아졌다. 파이프가 서로 막히고 뚫리기를 반복하는 동안 나의 현금흐름은 지속해서 막힘 없이 흘렀다. 그중에서도 고시원은 특히 큰 고비를 넘기게 해준 고마운 파이프라인이었다. 매달 들어오는 현금 수익도 컸을 뿐 아니라 권리금 수익은 소형 아파트를 사고팔았을 때의 양도 차익만큼이나 커서 큰 역전세를 막을 수 있었다.

수익형 사업을 하고 싶지만 경험 부족이나 실패에 대한 두려움으로 선뜻 시작하지 못하는 이들이 많다. 이런 사람들에게 고시원을 먼저 검토해보라고 추천하고 싶다. 관리해야 할 방이 많다 보니 전화가 쉴 새 없이 울리긴 하지만 망하면 어떡하나 하는 불안은 덜할 것이다. 시설과 입지가 좋은 고시원은 노후를 여유롭게 만들 뿐 아니라 직장인의 부업으로도 인기가 높다. 시간 투자에 대한 부담이 큰 사람들에게 고시원 사업을 추천한다.

그래도 부동산

# 당장 뭐라도 시작해라
## -소액 수익형 사업

•

작은 시작이 큰 결과를 만든다.

| 레이 크록 |

사업체를 여러 개 운영하는 사장을 만난 적이 있다. 그에게 어떻게 사업체를 그렇게 많이 늘릴 수 있었는지, 운영하는 데 힘든 건 없는지를 물었다. 그가 처음 시작한 사업은 카페 였다. 카페가 자리를 잡아갈 때쯤 한창 유행하던 브랜드의 호프집을 개업했다. 호프집이 자리를 잡자 다시금 새로운 자리에 다른 카페를 개업했다. 그 카페가 자리를 잡아갈 때 권리금을 받고 가게를 넘겼다고 했다. 그리고 장소를 옮겨 좀

더 크게 카페를 개업했다.

"지금껏 하루도 쉬는 날이 없었습니다."

여기서 그가 말하는 쉬지 않은 날은 사장이 일하는 날이기도 하지만 수입이 통장으로 들어오는 날이기도 하다. 그는 돈이 쉬지 않고 들어오는 시스템을 구축한 것이다. 마음만 먹으면 직원들에게 일을 맡기고 자신만의 시간을 보낼 수도 있다. 그는 우리가 바라는 경제적 자유인이 아닐까?

고시원과 호프집에 이어서 무인 아이스크림 가게를 시작하면서 수익형 사업자 모임에 나갔다. 그곳에 하나의 사업체만 운영하는 이는 드물었다. 같은 업종을 여러 개로 늘리는 이가 있는가 하면 종류를 달리해서 사업체를 늘리는 이도 있었다. 이들은 본인이 노동을 쉬지 않고 하는 게 아니라 돈이 돈을 벌게 했다. 돈이 새로운 돈을 쉬지 않고 벌어오게 하는 것이 사업을 성공시키는 방법이라고 했다.

그래도 부동산

고시원 2개를 정리한 나도 자극을 받아 무인 아이스크림 가게를 개업했다. 중개사무소 옆 상가가 공실이 되면서 임차인을 찾아야 했다. 실장은 가게를 알아보러 오는 이가 없다며 잔뜩 걱정했다. 전면 상가인데 권리금 없이 보증금 1,000만 원과 월세 65만 원이라는 임차 조건에 귀가 솔깃했다. 당시에 가까이에 있던 후배가 무인 아이스크림 가게와 무인 파티룸을 운영하고 있었다. 수익형 사업으로 이것저것 알아봤을 때 파티룸은 웬만한 경쟁력으로는 수익을 내기가 쉽지 않을 듯했다. 반면에 무인 아이스크림 가게는 입지만 괜찮으면 팔리지 않을까 생각했다. 무인 아이스크림 가게를 해봐야지 하던 차에 이 상가를 보게 되었고 해볼 만하겠다 싶었다.

　무인사업이다. 말 그대로 실제 사람이 지키지 않아도 가게가 운영된다. CCTV와 키오스크는 사람이 할 일을 대신해줬다. 인건비를 아낄 수 있었고, 최소한의 정리와 청소를 위해 필요한 노동 시간도 줄었다. 게다가 시작하는 데 필요한 투자금도 작았다. 특별한 기술이나 노하우가 필요치 않아서 시작과 운영에 대한 부담이 적었다. 수익이 얼마가 될지 모르지만 손해는 안 나겠구나 생각했다.

2023년 4월 중개사무소 옆에 무인 아이스크림 가게를 열었다. 고시원 두 곳을 매도한 돈은 중개사무소 이전, 역전세, 세금 등으로 나가고 3,000만 원 정도의 여윳돈이 수중에 남아 있었다. 이 3,000만 원을 어떻게 활용할지 고민하고 있었다. 그때 무인 아이스크림 가게가 눈에 들어왔고, 이를 오픈하기 위한 투자금으로 딱 맞아떨어졌다. 보증금 1,000만 원, 가게 인테리어 및 간판 750만 원과 아이스크림 및 과자 입고에 1,300만 원이 들어갔다. 가게 임대차계약 이후 오픈하기까지 3주 정도 걸린 듯하다. 복잡하지 않은 만큼 시간도 길게 필요하지 않았다. 아무리 쉬워 보이는 무인사업이라 해도 성공시키려면 몇 가지 조건이 있다.

1. **위치 선정:** 유동인구가 많거나 접근성이 좋은 곳을 선택해야 한다. 유동인구는 684세대 아파트 주민들의 주 출입구 전면이다. 동선상 꼭 지나가야 하는 자리다. 가

게 위치 선정에서 가장 중요한 조건은 동선이다. 고객들이 어디로 움직이는지를 파악해야 한다. 다행히 내가 알아본 가게의 위치는 주 출입구 전면 상가였다.

**2. 최신 기술 활용:** 자동결제 시스템과 보안 시스템을 갖춰야 하는데 앞서 말했듯이 CCTV와 키오스크 설치로 해결했다.

**3. 운영의 효율성:** 운영의 효율성을 높이려면 집이나 직장에서 가까운 곳이 좋다. 아무리 하루 10~20분 투자라고 하지만 이동 거리가 멀면 기름값과 시간의 효율성을 떨어뜨린다. 더불어 결제 오류 등을 수시로 해결하려면 더더욱 관리하기 수월한 곳을 선택해야 한다. 또한 사람이 상주하지 않기 때문에 에어컨 자동 켜짐 기능 같은 자동화 시스템을 잘 갖춰놓아야 한다.

**4. 편리한 결제 시스템:** 무인 서비스는 고객이 쉽게 이용

할 수 있도록 직관적인 인터페이스와 편리한 결제 방법을 제공해야 한다. 또한 문제가 발생했을 때 빠르게 대응해야 한다. 전화가 오면 바로 해결이 가능한 건도 있지만, 직접 가서 해결해야 하는 건도 있다.

5. **초기 홍보와 지속적인 마케팅:** 블로그와 인스타그램 등으로 오픈 소식을 알리기도 하고, '당근' 앱을 통해 새로운 과자 입고 소식을 알리기도 한다. 주 이용객들이 아파트 단지 사람들이기 때문에 간판과 입간판으로 이곳에 아이스크림 가게가 있음을 알리는 것도 효과적이다.

6. **서비스 개선:** 고객의 피드백을 반영해, 서비스를 지속적으로 개선하고 발전시켜야 한다. 아이스크림이나 과자 종류를 추가할 때 고객이 쪽지에 남긴 의견을 활용하거나 계절별로 온장고나 얼음컵 등을 비치하면서 고객의 니즈를 반영한다.

그래도 부동산

무인 아이스크림 가게의 매출이 꾸준히 나올 수 있도록 늘 주의 깊게 살핀다. 다행히 주변에 다른 가게가 들어올 여지가 없다. 더불어 새 아파트 입주로 고객은 좀 더 늘었다. 무인 아이스크림 가게를 한다고 했을 때 이곳에서 매출이 꾸준히 나올 것이라고 말해주는 이는 드물었다. 먼저 해본 이들이 말하는 입지 기준과는 동떨어졌기 때문이다. 경험자들은 소득 수준이 좀 되는 동네의 학교와 학원이 있는 곳, 10평 이상의 상가로 상권이 형성된 곳을 찾으라고 했다. 하지만 가게 자리는 지하철이나 버스 정거장과도 멀었고, 상가는 6.5평 크기로 일반적인 아이스크림 가게와 비교하면 작았다. 아파트 세대원들을 보면 아이들은 거의 없었다. 20~30대 나홀로족이거나 60~80대의 어르신 위주였다. 이들이 아이스크림을 얼마나 사 먹겠냐며 가게 개업을 말렸다. 나 역시 수요에 대한 고민을 많이 했다. 아이스크림과 과자 수요를 아이들에 국한해서 생각하니 기준 미달인 위치였다.

하지만 내 결론은 달랐다. 가게는 아파트 정문 앞에 있었다. 경쟁업체라 할 수 있는 편의점이 후면 안쪽에 있었다. 더

불어 차보다 도보로 이동하는 사람들이 많았다. 퇴근 후 집으로 가는 길에 아이스크림을 봉지에 담아가는 이들이 매출의 상당수를 차지했다. 또한 주변에 회사가 많았다. 회사원들이 점심 식사 후 우르르 아이스크림 가게에 들러 아이스크림을 하나씩 물고 나오는 모습을 자주 본다. 다른 사람들이 불가능하다고 생각한 자리를, 나는 나만의 상상력으로 밀고 나갔다. 가게가 중개사무소 바로 옆인 것도 관리에 대한 부담을 줄여주었다. 원래 되는 자리라서 된 건지, 운이 좋은 건지 모르겠지만 아이스크림 가게는 기대 이상으로 나의 현금 파이프라인이 되었다.

"아이스크림 가게를 열어줘서 고맙습니다. 매번 저쪽 아래까지 갔다 와야 해서 힘들었거든요."

여름이 시작되기 전인 2023년 4월에 아이스크림 가게를 열었다. 매출이 괜찮았다. 나홀로족들도 어른이고, 어르신들도 어른이다. 꼬맹이들이 한두 개 사 먹는 것과는 사는 개수부터 달랐다. 그들은 봉지를 가득 채웠다. 딱히 계절을 타지도 않았다. 여름과 겨울 매출에 큰 기복이 없었다. 매출이 일정했다. 먼저 경험한 사람들이 말해주던 일반적인 성공의 기준과 내 경험은 많이 달랐다. 예를 들어 저쪽 가게에서 잘 팔리는 과자가 내 자리에서는 잘 팔리지 않았다. 내 자리, 내 수요층에 대한 집중이 필요했다. 다행히 중개 일을 하면서 일찍이 특성을 알고 있던 고객들이어서 수요층을 쉽게 파악할 수 있었다. 이 무인 아이스크림 가게는 3,000만 원의 투자금으로 여름에는 300~400만 원, 겨울에는 150~200만 원의 순수익을 만들어주고 있다.

사업이라고 하면 거창하게 생각하고 지레 부담과 두려움부터 갖기 일쑤다. 그중에서도 '망하면 어떡하지?' 하는 두려움이 가장 크다. 그런 두려움을 덜 해도 되는 사업이 무인사업이다. 적은 돈으로 '사업 한번 해본 사람'이 될 수 있다. 시간과 돈에 대한 투자가 소규모인 만큼 실패할 리스크도 작다. 누구나 도전해볼 수 있는 사업이다. 무인사업은 어느 하루 쉬는 날 없이 수입을 만든다. 일요일에도 집에서 하는 일이라곤 핸드폰으로 오늘의 매출을 확인하는 것뿐이다. 내가 소액 수익형 사업인 무인사업을 더 늘리려는 이유다.

# '어떻게'에 한계를 두지 마라
## -자영업자가 살아남는 법

•

비록 다른 이들과 함께 걸을 수는 있으나 그 어느 누구도
그대가 선택한 길을 대신 가줄 수는 없음을 알아라.
**| 인디언 명언 |**

새벽 1시, 호프집 마감을 한다. 비 오는 수요일이다. 집에 돌
아가기 싫은 연인 한 쌍이 마지막 손님으로 자리를 지키고
있다. 주변 가게들은 이미 문을 닫았다.

중개업을 하면서 고시원을 운영하는 것까지는 주변 사람
들도 이해했다. 같은 부동산 계열이라고 여기는 듯했다. 하
지만 갑자기 호프집을 연다고 했을 때의 반응은 가히 놀라웠

다. 나 자신도 그랬으니까. 낮에 중개업을 하고 저녁에 호프집 주방을 지키는 노동은 50대에 접어든 체력으로는 벅차다. 이런 생활을 한 지 벌써 1년 7개월이 지나간다. 잘 버텨내고 있다. 주변인들은 자못 궁금해하며 왜 호프집을 하는지에 대해 서로 추측하기 바쁘다. 상황이 힘들어져 하다못해 호프집이라도 한다는 뒷말이 들리기도 한다. 뭐, 부정할 수 없는 이유이긴 하다. 하지만 진짜 이유는 따로 있다.

중개업을 하는 내가 왜 호프집을 창업했을까? 왜 새벽 1시까지 고된 노동을 이어갈까? 경제적 자유를 꿈꾼다더니 시간적 자유는 포기한 건가?

가장 큰 이유는 바로 '수익률'이 좋아서였다.

"언니, 호프집 수익이 괜찮은 것 같아."

2022년 여름이었다. 식당을 하는 동생의 이 말 한마디는 나를 호프집 창업으로 이끌었다. 투자자인 내 귀에 들어온 말은 수익률이었다. 고시원의 수익률 30%는 나의 눈을 뜨게

그래도 부동산

했었다. 그런데 호프집의 수익률은 그보다 더 높은 50~60% 였다. "뭐라고?" 소리치지 않을 수 없었다. 거래가 줄어서 중개 수입이 끊기다시피 한 시기였다. 여러 수익형 사업을 알아보고 있었다. 현금흐름이 좋았던 고시원은 역전세를 해결하기 위해 매도한 후였다. 권리금 수익을 얻긴 했지만 당장 매달 나가는 고정 지출을 해결할 현금 수입이 필요했다. 그런 와중에 수익률 50~60%는 육체적으로 힘들겠다는 걱정을 뒤로 미루어놓게 했다.

투자금은 1억 원 정도였다. 임차 보증금 3,000만 원과 프랜차이즈 가맹비 500만 원, 교육비 300만 원, 인테리어비 6,500만 원이었다. 이 금액 중 3,000만 원을 주류업체에서 무이자 대출을 해줬다. 시작하는 데 들어가는 비용 부담을 크게 줄여주었다. 그 덕분에 시작할 수 있었다. 개업 시기도 크리스마스를 앞둔 시점이었다. 주변에서는 주방 운영에 대해 걱정했지만, 나는 안주 요리에 대한 부담이 크지 않았다. 주부 경력이 몇 년 차인데 하면서 가볍게 받아들였다. 실제로 안주 요리는커녕 라면 하나도 제대로 끓이지 못하던 남편이

영업 1년이 지나자 주방을 담당할 수 있게 되었다. 사람은 진화하고 적응한다는 걸 남편을 보면서 확인했다. 고시원 운영에 적응하고, 호프집 홀서빙에 이어 안주 요리까지 섭렵했다. 그리고 무인 아이스크림 가게 물품도 척척 발주한다. 새로운 일을 해야 하는 상황이 닥치면 배우고 익히면서 해나간다. 무슨 일이든 일단 시작을 하면 그다음은 해결해나가게 되어 있다.

장사라는 것도 여느 사업과 다를 바가 없었다. 장사의 성공이란 꾸준한 매출을 뜻한다. 그러기 위해서는 성실한 노력과 열정이 뒷받침되어야 한다. 그렇게 매일 노력이 쌓이면 일정한 매출이 보장된다.

어떤 사업을 하든 입지가 중요하다. 입지 선정을 위한 시장 파악은 프랜차이즈 업체 몇 군데에 주소를 말하고 의뢰하면 주변 가게들의 대략적인 매출을 알려준다. 경쟁업체가 어디에 위치하고 그들의 매출을 분석해보면 나의 목표 매출이 달성 가능한 수준인지 파악할 수 있다. 내가 찾은 호프집 입지는 회사와 아파트 단지가 혼재된 상권이었다. 유동인구가 많은 건 아니지만 매출의 진폭이 크지 않을 곳으로 보였다.

전반적인 예산을 정하고 마케팅을 어떻게 할지에 집중했다. 딸들이 SNS 마케팅을 담당했다. 블로그와 인스타그램으로 가게가 새로 생겼다는 걸 알렸다. 난 블로그 체험단 마케팅을 이어갔다. 요즘은 네이버 리뷰가 여러 가게를 살리기도 하고 죽이기도 한다. 그 내용이 긍정적이려면 서비스가 좋아야 한다. 좋은 서비스가 재방문율을 높이기도 하고, 입소문으로 새로운 고객을 유입시키기도 한다. 어쩔 수 없다. 마케팅은 할 수 있는 한 최대로 했다. 주 고객층은 직장인과 아파트 단지 주민 들이었다. 말 그대로 동네 골목 장사였다. 편안해야 하고, 안주가 맛있어야 식사를 겸해서 오게 된다. 시간이 지날수록 단골이 생기고 일정한 매출이 자리를 잡아갔다. 꾸준히, 묵묵히 그 자리를 지켜내는 성공원리는 어느 분야나 같았다.

주변 호프집과 다른 점은 점심에 파스타를 파는 것이다. 파스타를 잘하는 셰프가 본인의 가게를 운영하기 전에 이런

저런 실험을 해보고 싶다길래 함께하게 됐다. 화구가 적은 만큼 2시간 동안 팔 수 있는 파스타 양은 정해졌다. 그런데도 파스타 맛이 좋아서 하나의 마케팅 수단이 되었다. 점심 파스타 맛에 반한 손님이 저녁엔 호프집 손님으로 연결되었다. 점심 파스타 영업은 숍인숍의 기능을 하면서 동시에 마케팅 역할도 하게 되었다. 장사에 있어서도 남과는 다른 시도들을 해본다. 그 시도들이 거창한 성공으로 이어지지는 않더라도 그 경험 모두 '해본' 것들이 된다. 직접 해본 경험이 쌓일수록 성취로 이어질 가능성이 커진다.

프랜차이즈를 하면 회사에서 알아서 해주는 게 많을 거라고 기대한다. 하지만 섣부른 기대를 버려라. 프랜차이즈 회사에서 해주는 건 딱 처음 시작하기까지다. 개업을 하면 프랜차이즈에서 해주는 관리는 특별히 없다. 조리, 영업, 마케팅 등 모두 알아서 해야 한다. 관리를 잘하는 프랜차이즈는 그나마 메뉴 개발을 꾸준히 해준다. 새로운 메뉴가 나오면서 매출이 또 달라지기 때문에 새 메뉴 개발을 꾸준히 해준다면 감사할 일이다.

그래도 부동산

어떤 일이든 준비를 철저히 한다고 해도 예상하지 못한 돌발 상황은 있게 마련이다. 우리 부부는 술을 못 한다. 아예 술맛을 모른다. 맥주, 소주, 하이볼 모두 단 하나의 맛, 바로 쓴맛이다. 그러다 보니 가끔 맥주가 김이 빠졌다거나 싱겁다거나 하는 불만을 들을 때가 있다. 똑같이 관리하는데도 그 맛이 달라지는 이유를 모르겠지만 맛을 알면 미리 대처할 텐데 그 점이 어렵다. 어찌 됐든 먹는 장사를 하면서 맛을 모른다는 건 큰 핸디캡이다. 결국 술맛을 아는 지인의 도움을 받을 수밖에 없다. 지인들의 조언에 따라 술맛을 유지하고 있다. 서비스 질을 더 높이지 못하는 아쉬움이 크다.

호프집뿐만 아니라 대개 장사는 경쟁이 치열하다. 또한 경기에 민감하다. 요즘 물가가 너무 올라 장사가 잘되던 가게마저도 매출이 줄었다고 난리다. 예약 잡기가 쉽지 않던 가게들도 피크타임에 빈자리가 있다. 고금리, 고물가 시대에 사람들은 외식비부터 줄였다. 가게 매출도 한창 때보다 줄었다. 내가 주방으로 들어가는 시간이 늘었다. 어쩔 수 없다.

고정비 중 인건비 비중이 높다 보니 줄일 수밖에 없다. 줄이는 노력은 인건비에 국한했다. '어떻게'에 한계를 두지 않았다. '이 정도 해도 안 오실 거예요?' 할 만큼 이런저런 시도와 서비스를 이어갔다. 양을 넉넉하게 제공하거나 서비스 메뉴를 추가하는 등의 다양한 시도를 해보았다.

내가 해본 경험 중 가장 어려운 일이 장사인 듯하다. 예민해지는 상황이 빈번하게 발생한다. 그만큼 신경 쓸 게 많다. '장사나 하지' 하는 마음가짐으로 섣불리 도전할 분야가 아니다. 장사하시는 분들에 대한 존경심이 절로 생긴다.


호프집은 부동산 하락장에 버틸 수 있는 현금 파이프가 되어주었다. 누군가는 "꼭 호프집을 해봐야 장사가 힘들다는 걸 아니?"라고 묻는다. 꼭 해봐야 아는 건 아니지만 장사라는 종목을 이해하는 소중한 경험이었다. 뭘 해볼까 고민만 하며 시간을 흘려보내는 게 아니라 직접 해본 사람이 되었다. 정말 '어떻게'에 한계를 두지 않았다. 이러한 투지와 열정이 결국 부동산 하락장에서도 버티게 해주었다.

2024년 7월 불장이 시작되었다. 호프집 영업은 끝없이 이어질 것 같던 위기의 끝이 보일 때까지 잘 버티게 해주었다. 주 4회 호프집 주방을 지키는 밤도 나의 루틴이 되었다.

# 경험의 파이프라인이
# 부의 시스템을 만든다

•

경험은 누구에게 일어난 일을 말하는 게 아니라 어떤 일이 일어났을 때
그 사람만이 한 행동을 말한다.

| 올더스 헉슬리 |

2024년 7월이다. 오후 2시가 지나서야 점심을 먹었다. 한동안 손님이 뜸하던 부동산 중개소가 바빠졌다. 전세가도 오르고 매매가도 오른다. 거래량이 늘었다. 부동산 중개소를 찾는 사람들이 많아졌다. 2년 8개월 만에 매도자가 매수자보다 우위를 점하게 되었다. 그 시간 동안 참 많이 힘들었다. 견디고 버틴 하루들이었다. 해결해야 할 문제는 날마다 생겼다. 종부세를 비롯한 여러 세금, 고금리 이자, 역전세 등을 해결

하기 위해 생각하고 또 생각했다. 그럴 때마다 새로운 경험들이 더해졌다.

그 경험들을 블로그에 기록했다. 10년 동안 쓴 글이 3,700여 개다. 10년이면 3,650일이다. 매일 1개 이상의 글을 쓴 것이다. 그 경험의 기록에는 부동산 중개와 투자, 고시원, 무인 아이스크림 가게, 호프집 창업과 경영에 관한 이야기들이 담겼다. 누구에게도 도움을 청할 수 없었던 내가 할 수 있는 방법은 정면으로 부딪히는 수밖에 없었다. 문제와 치열하게 싸웠다. 무작정 '해보자!' 하니 잘된 경험도 있고, 시련의 경험도 있다. 분명한 건 10년 전의 나보다 성장했다는 사실이다. 그 성장의 중심에는 '아이들'이 있었고, '아이들을 위해서'라는 목표가 있었다. 그 안에는 '가난'과 '돈'이라는 키워드가 있었다. 그리고 경험의 파이프라인이 성장과 자유를 가져다주었다. 완전한 자유는 아니더라도 여유는 실현했다.

중개업을 시작하기 이전에도 많은 아르바이트를 했었다. 병원 연구실을 그만두고 중개사 자격증을 따고 다시 도배와 건물 청소, 용접공 아저씨 옆에서 온종일 서 있던 화재감시자로 일한 경험들은 이번 하락장의 고통을 견디게 하는 자양분이었다. 힘들어서 더는 못 버티겠다고 느낄 즈음 그 경험들이 불쑥 떠오르면서 '그때보다 힘들어?' 하고 자문하게 되었다. 그 당시 현장에서 먹었던 밥은 동그란 접시 하나에 밥과 반찬들이 있었고, 반찬과 밥이 섞여서 어떤 맛인지 분간하기 어려웠다. 배가 고픈데도 못 먹고 남겼다. 눈물이 나서 먹을 수 없던 밥이 여러 번이었다. 그 경험을 다시금 곱씹으면서 생각했다. 그리고 힘을 내서 방법을 찾았다.

성공한 투자는 돈을 잃지 않는 투자라고 했다. 하지만 난 잃었다. 2년 8개월 전보다 자산 감소만 계산하면 딱히 그렇지는 않다. 잃은 돈은 노동으로 번 현금들이었다. 한 달에 억대 수입을 올렸던 그 돈들을 잃었다. 그 많은 중개 거래가 남긴 결과는 세금과 이자로 사라졌다. 돈은 공중분해 되었지만 경험은 남았다. 3,000여 건의 계약 경험이 남았고, 새로운 사업을 해본 경험이 남았다. 그래서 다양한 현금 파이프라인에

그래도 부동산

대한 중요성을 더 깊이 생각할 수 있었다. 이 경험들은 나의 부동산 중개소를 찾아오는 고객층을 다양하게 하고 있다. 부동산 중개를 위해 찾아올 뿐 아니라 사업 상담을 받으러 오기도 한다.

내가 시간과 돈에 있어서 여유를 갖게 된 부의 시스템은 모두 경험이 만들어냈다. 그 결과는 자산 가치를 가리키는 숫자와 시간의 제약으로부터 자유로워지는 모습으로 설명된다. 주택들을 매도하면서 지켜야 할 것과 지키지 못할 것의 경계가 무너지긴 했지만 자산 규모는 커졌다. 10년 동안의 경험은 내가 일한 만큼 수입이 생기던 예전과 다른 나를 만들었다. 직원들과 키오스크와 CCTV가 내게 시간적 여유를 만들어주고 있다. 그로 인해 발생하는 수입은 내가 직접 일해서 벌었던 상방을 뛰어넘었다. 투자 수입도 한몫해주고 있다. 월 임차료와 함께 각 수익형 사업들의 두 번째, 세 번째 수입이 첫 번째 중개업 수입의 구멍을 메꿔주었다. 시련은 사람을 성장하게 한다는 말은 새로운 경험을 하게 한다는 말이었다. 그 경험들은 그 시기를 좀 덜 힘들게 했다.

하락장을 겪어내면서 경험자들은 두 부류로 나뉘었다. 지난 경험에 새로운 경험을 더하려는 이와 지난 경험에 지쳐서 "다시는 안 해!" 하는 이들로 말이다. 난 첫 번째다. 늘 새로운 경험을 찾았다. 쉬지 않고 무언가를 시작하는 나에게 사람들은 묻는다.

"시작할 때 두려움은 없었나요?"

왜 없었겠는가. 사실 두려움을 이겨낸 건 아니다. 두려움이 있는 채로 그냥 한 거였다. 안 하면 안 되니까 했고, 절대 망하면 안 되니까 했다. 이제껏 살아오면서 한 방은 없었다. 한 방이 아니라 공짜 사은품 하나의 행운도 나에겐 없었다. 오롯이 내가 움직여야 돈이 생겼다. 그렇게 움직이는 여러 겹의 경험들이 쌓여서 한 방의 펀치를 만들었다. 그 펀치도 펀치인 줄 모르고 왔다. 행운의 펀치로 얻은 기회조차 방심하는 순간 위기의 펀치로 넘어가는 경험을 했다. 그래도 계속했다. 모든 일이 내가 생각하고 계획한 대로 되지 않을 때가 더 많았다.

처음 시작한 사업인 중개업은 모든 걸 걸었던 일이다. 이 업을 살려야 내가 살고, 아이들을 키울 수 있었다. 그 당시 블로그 글쓰기와 매주 강의를 들으러 서울을 오르내리던 시도는 기존 중개사들에겐 어설퍼 보였을지 몰라도 나에겐 처절한 노력이었다. 그 기회를 살려야 했다. 투자에 나서면서 시작한 도배 경험은 집을 리모델링하는 데 도움이 되었다. 투자 강의를 듣고 공부를 한 것들은 내 투자뿐 아니라 고객의 투자에도 도움을 주었다. 이 모두가 나를 위한 것이자 고객에게 부끄럽지 않은 중개사가 되기 위한 노력이었다. 부자들이 한 방법 중 내가 할 수 있는 것들은 따라 했다. 갭투자를 배우면 갭투자를 했고, 빌라 월세 투자를 배우면 빌라를 샀다. 재개발, 재건축, 리모델링이 뭔지 그 진행 과정을 직접 집을 구매해가며 공부했다. 조합에서 보내주는 안내장을 보면서 확인했다. 배운 투자를 실행하면서 '될까?'란 의심보다 '된다, 된다, 됐다'를 반복했다. 물론 긍정적인 결과가 대부분이었지만, 실패한 경우도 있었다.

역전세, 세금폭탄, 이자에 치이는 횟수가 반복될수록 지긋지긋하기도 했다. 그래도 포기는 못 했다. 어차피 바닥에서 시작한 일이었기에 다시 바닥으로 가기 싫어서 이를 악물었고 어차피 망해도 그 바닥이겠지 하면서 덤볐다. 뭐라도 해보고 나를 데려가는 곳으로 가자 했다. 그 노력에 답이 왔다. 잘됐다. 그 잘된 것에 취해서 방심하니 다시 시련을 겪는 세상의 진리를 뼈저리게 경험했다. 그렇다고 멈추었을까? 그 시련은 또 다른 시작을 하게 했다. 시작의 두려움보다 아무것도 안 해보고 무너지는 자존심의 공포가 더 컸다. "그래도 이만큼 해봤는데 안 되더라" 하고 아이들에게 말하고 싶었다. 여러 일을 하면서 생기는 문제들을 해결할 때 '어떻게'에 대한 끝은 없었다.

'이렇게까지 하는데도 안 돼?'

'이래도 안 오나?'

이런 끝의 끝에서 '어떻게'를 계속 찾았다.

"사장님은 경험 부자죠. 찐 경험!"

완전하지 않아도 하고 싶은 걸 하고, 하고 싶지 않은 걸 하지 않아도 되는 나에게 나이 어린 손님이 한 말이다. 사실이다. 어디를 가서 누구와 견주어도 뒤질 경험치는 아니다. 그래서 자신 있게 경험을 나누는 글과 강의를 하고 있다. 그만큼 10년 동안 지나간 인연의 수도 많다. 그 인연에 감사하지 않을 수 없다. 현재를 살아내기 힘들어서 곁에 있는 인연을 부담스러워한 적도 있지만, 감사한 인연이 더 많다. 좋은 경험, 아픈 경험, 속상한 경험, 모두 그 인연에서 배웠다. 살아 있는 지혜라고 해야 하리라. 그 경험만큼 맷집도 커졌고, '그럴 수 있지' 하는 여유도 늘어났다. 일일이 이유를 따지지 않는다. 커지는 맷집만큼 경제적 자유로 가는 길이 가까워질 것이다.

누군가는 일이든 인연이든 처음에 그 끝을 계산해봐야 손해를 안 본다고 말하지만, 마지막을 계산할수록 시작하기가 힘들었다. 세심한 계산보다 대략적인 계산으로 할 만하면 했더니 시작이 수월했다. '경험 부자'란 말이 싫지 않다. 경험이 많아질수록 버티고, 살아내는 힘이 세졌다. 하나의 경험과 다음 경험 사이에 그동안 해왔던 모든 것을 머리와 몸이 기억했다.

내가 그리는 삶의 형태가 꼭 상급지에 가야만 이루어지는 건 아니었다. 얼마짜리 집, 얼마의 수입, 얼마나 큰 자산인지를 가리키는 숫자에 집중하지 않고 내가 원하는 삶의 모습을 되새겼다. 그것을 위해 버틴 하루들은 사라지지 않았다. 그래서 내가 생각하는 것보다 더 단단한 '내'가 되었다. 무르지 않는 힘들이 견디고 버텨온 하루들이다. 그 하루하루가 만든 경험의 파이프라인들이 경제적 자유를 만들었다. 새로운 경험을 두려워하지 마라. 경험의 연결이 부의 시스템이 된다.

그래도 부동산

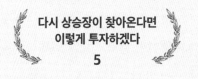

# 성공하는 갭투자 전략

**1. 매매가와 전세가의 차이가 컸다가 줄어드는 경향이 보이는 단지에 주목해라.**

아파트 갭투자를 하면서 전세가율과 공급량은 꼭 점검해야 할 사항이다. 전세가율은 주택 매매가격에 대비한 전세가격의 비율을 말한다.

전세가율(%) = 전세가격 / 매매가격 × 100

전세가율이 높아지면서 매매가격과의 갭이 작아지면 주택 매수 시기라고 말한다. 전세 거래가 매매 거래를 밀어 올릴 만큼 꽉 차올랐다고 본다. 중요한 건 이 '높은 전세가율'이란 말에만 집중하면 안 된다는 점이다. 여기에 '상대적'이란 말을 붙여야 한다. 지난 시간의 전세가율과 비교해서 높아졌는지를 확인해야 한다. 매매가와 전세가의 차이가 컸던 입지와 단지에서, 현재 매매가는 주춤한 반면 전세가는 상승했는지를 확인하는 것이다. 하지만 늘 높은 전세가율을 유지하는 지방의 아파트들이 있다. 항상 80~90%의 전세가율을 유지하는 아파트는 매매가의 등락이 거의 없다. 이것이 같은 투자금으로 수익에 큰 차이를 만든다.

매매가와 전세가의 차이가 컸다가 줄어드는 경향을 보이는 단지에 주목해라. 투자금에 맞춘다고 늘 높은 전세가율을 유지하는 곳을 선택하는 것은 현명한 투자가 아닐 수 있다.

**2. 공급량은 절대적으로 고려해야 할 사항이다.**

전세계약갱신청구권이 생기기 전에는 2년 뒤의 입

주 물량만 확인하면 되었지만, 이제 4년 뒤의 물량까지 점검해야 한다. 나는 이 중요한 사항을 상승장의 단기 수익형 법인 투자를 하면서 간과하는 실수를 한 적이 있다. 입주 물량 폭탄으로 역전세 폭이 더 커졌다. 매매가가 1억 후반대인 작은 아파트의 역전세 크기가 5억 원대 아파트의 역전세 크기와 같았다. 공급량은 2년 뒤 계약갱신청구권을 사용할 시기와 4년 뒤 만기 시점까지 조사해야 한다. 더불어 그 지역뿐만 아니라 같은 생활권으로 묶일 수 있는 인접 지역의 공급량까지 살펴야 한다. 동탄의 물량으로 인해 영통의 역전세가 컸던 것처럼 같은 생활권의 공급량은 영향을 미친다.

### 3. 부동산 정책과 거시경제 상황을 확인해라.

정부는 규제 정책과 완화 정책으로 부동산 시장을 조였다 풀었다를 반복한다. 정책의 방향이 어디를 향하고 있는지 확인하고 그 방향에 순응해야 한다. 지금 시장 상황이 상승기 혹은 하락기에 있더라도 정책에 따라 조금씩 그 방향은 바뀌어간다. 정책과 금리의 변수에 따른 미묘한 변화를 감지하고 미리 대비할 필요가 있다. 가격 상승을 잔뜩 기대하고 쫓아가던 마음을 멈추어야 하고, 가격 하락에 멈칫하던 마음을 열어야 한다. 어차피 투자는 손해를 안 보는 것이 이기는 투자다. 그 대비에 정부의 부동산 정책과 금리 변화, 거시경제의 흐름이 자신의 투자와 거리가 먼 이야기로 치부해서는 안 된다. 법인 종부세 과세 변화와 고금리는 절대 나와 상관없는 이야기가 아니었다. 정부의 정책 변화와 경기 상황 뉴스에 항상 귀를 기울여라.

갭투자와 관련한 여러 형태의 투자를 해오면서 10년의 세월이 지났다. 고려할 사항이 한두 가지가 아니다. 하지만 완벽한 준비는 여느 일처럼 힘들다. 그렇더라도 기본 준비를 철저히 해놓으면 어떤 위기에도 대응이 덜 힘들다. 갭투자에서 공급과 전세가율, 정책, 거시경제 점검은 기본 중의 기본이다.